I0796491

Y dejé de llamarte papá

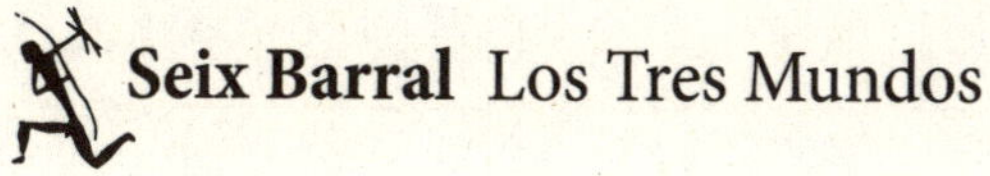

Caroline Darian

Y dejé de llamarte papá

Traducción del francés por
Lola Bermúdez y Lydia Vázquez

Obra editada en colaboración con Editorial Planeta – España

Título original: *Et j'ai cessé de t'appeler papa*

Composición: Realización Planeta

Bajo el sello editorial SEIX BARRAL M.R.
Avenida Presidente Masarik núm. 111,
Piso 2, Polanco V Sección, Miguel Hidalgo
C.P. 11560, Ciudad de México
www.planetadelibros.com.mx

Primera edición impresa en España: enero de 2025
ISBN: 978-84-322-4420-9

Primera edición impresa en México: marzo de 2025
ISBN: 978-607-39-2628-7

Impreso en los talleres de Impregráfica Digital, S.A. de C.V.
Av. Coyoacán 100-D, Valle Norte, Benito Juárez
Ciudad De Mexico, C.P. 03103
Impreso en México - *Printed in Mexico*

Una vez escritas las cosas, no hay escapatoria posible.

LIONEL DUROY

PRÓLOGO

En el momento en que escribo este prólogo, un juicio histórico está a punto de comenzar en el tribunal de Aviñón. Una primicia en los anales de la justicia francesa.

Se prolongará durante cuatro meses, a partir del 2 de septiembre de 2024, con cinco días de audiencia por semana. Cincuenta y un acusados, mi padre entre ellos, comparecerán ante el tribunal penal departamental del Vaucluse, principalmente por violaciones agravadas cometidas contra mi madre, que, en el momento de los hechos, había sido drogada por su marido sin que ella lo supiera a lo largo de casi diez años.

Más concretamente, mi progenitor está acusado

de requerir a hombres a través de un sitio web de citas para que mantuvieran relaciones sexuales con su esposa inconsciente a causa de las pastillas que le había suministrado. No pedía ningún pago a cambio. Sin embargo, exigía poder filmarlos.

Dieciocho acusados se encuentran actualmente en prisión preventiva, y treinta y tres están en libertad bajo supervisión judicial hasta el veredicto del 20 de diciembre de 2024. Esto significa que podrán moverse por el recinto del tribunal durante los cuatro meses que durará el juicio y volver tranquilamente a casa por la noche, como personas intachables. Lo más difícil de soportar será sentarse junto a ellos, separados por unas cuantas sillas, durante semanas enteras.

Los acusados se enfrentan a penas de hasta veinte años de prisión. Serán defendidos por cuarenta y nueve abogados, acusados de violación(ones) con varias circunstancias agravantes, violación(ones) en grupo, violación(ones) en grado de tentativa con diversas circunstancias agravantes, agresión(ones) sexual(es) en grupo, violación de la intimidad por imagen, grabación o transmisión de imágenes de carácter sexual de una persona y posesión de la imagen de carácter pornográfico de un menor.

Solo esta lista de cargos es ya de por sí insoportable. Pero hay más: el juicio tendrá lugar en presencia de las cinco partes civiles, es decir, mi madre, mis dos hermanos, mi cuñada y yo.

Para justificar la sumisión química a la que fue sometida mi madre tendré que enfrentarme a los veinte mil archivos digitales grabados por mi padre. Fotos, películas..., el museo de los horrores. Porque ocurrió docenas de veces a lo largo de muchos años. Y a veces a fotos mías, sin que yo tenga el menor recuerdo de ellas ni sepa lo que implican.

La vista será pública, no a puerta cerrada. Las instalaciones del tribunal se han adaptado específicamente para acoger al mayor número posible de personas implicadas, con una sala para los acusados, los abogados y las partes civiles, y otra sala de retransmisiones abierta al público y a la prensa. Es un montaje logístico para el que mi madre, mis hermanos y yo llevamos preparándonos silenciosamente desde hace varios meses.

A principios de septiembre de 2024 tendremos que subir al estrado, ser interrogados por una horda de abogados y por un tribunal penal compuesto exclusivamente por jurados profesionales. Escudriñarán, buscarán y diseccionarán nuestras vidas hasta los más pequeños recovecos, unas vidas que hace unos años todavía podíamos calificar de «banales».

Sabemos exactamente lo que significa eso. Revivir la pesadilla, pero también exponerse totalmente.

Tendremos unos días para respirar antes de que Dominique, mi padre, sea interrogado a mediados de septiembre. En las semanas siguientes se interrogará a los otros individuos citados. Después, nuestros abogados y la defensa presentarán sus alegatos finales.

Más allá del dolor de tener que revivir este episodio, nos sentimos desamparados. No tenemos ningún caso que nos sirva de referencia, ningún precedente al que agarrarnos. Nuestra historia familiar es un verdadero cataclismo. Porque si mi padre consiguió drogar y violar a su mujer durante casi diez años sin que ella lo supiera, también la sometió a más de ochenta desconocidos, a la mayoría de los cuales conoció a través del sitio web de citas Coco.gg, por puro voyerismo y sin ninguna contraprestación económica. Dicha plataforma ha sido recientemente embargada por los tribunales. Implicada en varias causas penales y más de veintitrés mil procedimientos judiciales, está oficialmente cerrada desde el 25 de junio de 2024.

Ser hija de la víctima e hija del agresor es una carga terrible.

Desde hace cuatro años intento inventarme una nueva existencia, despojada de todas las certezas sobre las que me he construido. En un instante, mi vida ha dado un vuelco vertiginoso. Se ha borrado el pasado, pero ¿qué me depara el futuro? ¿Qué puede seguir existiendo cuando el destino asesta un golpe tan duro a tu vida cotidiana? Nuestro naufragio familiar es como un laberinto en el que, durante casi dos años, cada paso adelante ha abierto una nueva puerta a otras sórdidas revelaciones, fragmentos de casos muy anteriores al nuestro. Con su interminable flujo de preguntas sin respuesta.

He intentado en vano descubrir y comprender la verdadera identidad del hombre que me crio. Incluso hoy sigo preguntándome por qué no vi ni sospeché nada. Nunca perdonaré lo que hizo durante tantos años. Sin embargo, aún conservo la imagen del padre al que creí conocer. A pesar de todo, sigue anclada en mí y forma un telón de fondo.

No tengo ningún contacto con él desde el 2 de noviembre de 2020. Pero, a medida que nos acercamos a la fatídica fecha del juicio, cuando consigo dormir algunas horas, sueño con él. Me habla, nos reímos, estamos juntos. Cuando me despierto, vuelvo a la pesadilla: ahora. Y echo de menos a mi padre. No al hombre que comparecerá ante los jueces, sino al que me cuidó durante cuarenta y dos años. Sí, lo quise mucho *antes* de descubrir su monstruosidad.

Entonces, ¿cómo puedo prepararme con calma

para el enfrentamiento? ¿Cómo gestionar la mezcla de rabia, vergüenza y empatía por un padre? Me entero de que, en los últimos cuatro años, ha sido trasladado tres veces de una prisión a otra. Conozco su historia carcelaria: la cárcel de Le Pontet (en Aviñón), luego la de Les Beaumettes (en Marsella) y, por último, la de Draguignan (en el Vaucluse). Hasta el aislamiento. Mi primer pensamiento es: ¿habrá sido capaz de adaptarse? ¿Sufre por nuestra ausencia, por la soledad o la violencia del aislamiento? Una segunda voz chirría: es solo justicia, cuando ves el daño que nos ha hecho. A mamá, a nosotros, a nuestra familia. Que ese pervertido se las arregle solo, que coseche lo que ha sembrado.

Mi padre es un criminal y voy a tener que aprender a vivir con esa despiadada realidad. Aceptar el doloroso desgarro entre mi necesidad de justicia, de verdad, y el amor que he podido sentir por él.

A veces surge un sentimiento de abandono. Me invade, me abruma. Papá, ¿por qué estás tan lejos de nosotros? Creía que ya había llorado la pérdida de mi padre. La verdad es que este juicio está despertando a la niña que hay en mí. La que todavía no ha conseguido acabar con la imagen paterna. Y temo que no consiga odiarlo. Quizá este juicio me ayude a aceptar de una vez por todas el duelo. Mi padre está vivo, es cierto, pero quizá nunca podré mirarlo a los ojos y decirle que se ha llevado, ha arruinado, parte de mi vida, que ha apagado la chispa que tenía *antes*, que ha pisoteado la confianza instintiva que yo tenía en los hombres.

Nuestra historia habrá revelado al menos un fenómeno social que sigue estando ampliamente subestimado en Francia. La sumisión química en la esfera intrafamiliar y social está mucho más extendida de lo que pensamos. Este *modus operandi* es el arma preferida de los depredadores sexuales. Por el momento, seguimos sin disponer de datos estadísticos fiables que lo demuestren. Ni que decir tiene que, en 2020, cuando detuvieron a mi padre, ¡nadie hablaba de ello!

Difícil de precisar, aún mal identificada, insuficientemente cuantificada, mal diagnosticada y, por lo tanto, con escaso apoyo institucional, afecta a un amplio abanico de personas, desde mujeres y a veces hombres hasta niños, incluso bebés y ancianos, y de todos los estratos sociales. Conocemos el GHB, la llamada *droga de la violación*, pero ¿qué persona podría imaginar que alguien cercano pudiera abusar químicamente de ella, con fármacos del botiquín familiar?

Del feminicidio al incesto, los escándalos de los

últimos años muestran que los casos de violencia sexual suelen implicar dinámicas de poder que transforman incidentes aislados en prácticas sistémicas. Por desgracia, la sumisión química no es una excepción a la regla: la mayoría de las víctimas son mujeres, y casi en el 70 % de los casos registrados se trata de agresiones sexuales. La esfera privada es la primera implicada en este tipo de violencias.

Basta con echar un vistazo a los resultados del estudio realizado por la Agencia Nacional de Seguridad de los Medicamentos y Productos Sanitarios francesa (ANSM). De una muestra de 727 informes transmitidos en 2021 por la policía a través de las denuncias presentadas, se notificaron 82 casos de sumisión química, lo que permite hacerse una idea general de las víctimas: en su mayoría mujeres (69,5 % de estos casos, pero todo hace pensar que esta proporción es aún mayor) de edades comprendidas entre los veinte y los treinta años. Las sustancias utilizadas son mayoritariamente medicamentos: antihistamínicos, ansiolíticos, somníferos, opiáceos (56 % de los casos) o MDMA (es decir, éxtasis, 21,9 %), y muy poco GHB, la famosa «droga del violador» (4,8 %). Por último, el agresor suele ser alguien cercano (41,5 %) que actúa en un contexto privado (42,6 %).

Medicamentos como los hipnóticos, los antialérgicos o los antitusígenos, que se suponen curativos, son por consiguiente mal utilizados por sus propiedades sedantes y miorrelajantes. Hay otra especificidad importante que debe tenerse en cuenta. A menudo, las víctimas no son conscientes de su estado, como le ocurría a mi madre. No tienen ninguna idea de lo que les ocurre. A la dificultad a la hora de hablar o actuar, que caracteriza sobre todo a la violencia intrafamiliar, se añade el hecho de que no recuerdan claramente ni la agresión ni al agresor. La sumisión química es engañosa, apenas detectable. Proporciona a los agresores una sensación de impunidad, de modo que pueden pasar meses, incluso años, sin que nadie se dé cuenta de nada.

En numerosos casos, la estrategia del pervertido sexual consiste en hacer que su víctima sea incapaz de reaccionar, del mismo modo que se apaga una lámpara. Se convierte en algo inerte, una marioneta a merced del agresor. De hecho, algunos expertos analizan el uso generalizado de la sumisión química como una ilusión desculpabilizadora, puesto que la víctima no sentirá y no recordará nada cuando se despierte.

Pues bien, la víctima no lo olvida todo. Su cuerpo y su subconsciente llevan consigo los estigmas de la brutalidad. Además, sufre los efectos secundarios de la medicación administrada a sus espaldas. Ya es muy difícil presentar una denuncia cuando se ha sufrido una violación; si, además, los recuerdos son borrosos y no se tiene conciencia de la agresión, solo queda el silencio, el desasosiego y la infamia.

Las víctimas callan, apenas convencidas de serlo. Su salud se deteriora. Se preocupan sin comprender realmente lo que les sucede, y entonces comienza un nuevo sufrimiento: la errancia terapéutica. Porque el hecho es que los médicos no están formados para reconocer la sumisión química, por lo tanto, nunca se contempla. El cansancio anormal, los lapsus de memoria, las caídas, las náuseas no se consideran relacionadas con el consumo excesivo de medicamentos (¡ya que la paciente certifica al médico que no toma ninguno!).

En los pocos casos en los que existe una sospecha de dependencia química, el tratamiento en el hospital se convierte en un diagnóstico sin salida. Los análisis toxicológicos, los únicos capaces de revelar la presencia de sustancias sospechosas, desgraciadamente no están integrados *de facto* en el tratamiento. Aquí comienza un nuevo viacrucis: la búsqueda de pruebas costosas, pagadas por las víctimas. La trampa del aislamiento se cierra y, a medida que se prolonga el esfuerzo por reunir pruebas, se desvanece la posibilidad de presentar una denuncia.

Aquí reside la clave del problema: ¿cómo proteger a las víctimas sin dotar a los profesionales de proximidad de los medios necesarios para detectar este tipo de violencias? ¿Cómo fomentar la denuncia ante los tribunales sin reforzar los vínculos entre la justicia y la asistencia sanitaria?

Volver a situar la atención a las víctimas de la sumisión química en el centro sigue siendo vital. Lejos de ser una noticia, este tipo de violencia es un verdadero problema de salud pública. Caídas, comas, problemas de memoria, trastornos del sueño, pérdida de peso, síndrome de abstinencia..., pero también embarazos no deseados, accidentes en la vía pública y trastornos de estrés postraumático son algunos de los riesgos evitables identificados en la encuesta nacional sobre la sumisión química. Las autoridades sanitarias, el poder judicial, las fuerzas del orden, las organizaciones asociativas: el problema presenta múltiples facetas y la responsabilidad es compartida.

En septiembre de 2022, unos meses después de la publicación de este testimonio literario, decidí rodearme de las mejores fuerzas vivas. Menos de un año después, lanzamos un movimiento de sensibilización y prevención llamado #MendorsPas: Stop à la soumission chimique («NomeDuermas: Stop a la sumisión química»). Fue una oportunidad para iniciar una nueva batalla, para hablar en nombre de las víctimas invisibles, y no solo de mi madre.

Debo decir que tuve mucha suerte al tomar esta iniciativa. Me beneficié del apoyo y la movilización excepcionales de una serie de personas, a las que estoy inmensamente agradecida. Entre esos encuentros decisivos de estos dos últimos años figura el que mantuve con la doctora Leila Chaouachi, farmacéutica y experta en farmacovigilancia del Centro de Vigilancia de las Adicciones de París. Ella es la responsable de la encuesta anual de la ANSM y una de las mayores expertas francesas en el tratamiento médico de las víctimas de la sumisión química. En parte gracias a ella me di cuenta de que mi historia familiar no era un caso aislado.

Además, estaban mis aliados desde el primer momento, sin los cuales nunca me habría permitido reunirme con decenas de personalidades mediáticas para pedirles que me ayudaran a transmitir este movimiento de alerta e información en las redes sociales. Sin mi amiga Arielle y todo su equipo, nunca habría sido tan activa en los medios de comunicación y probablemente nunca habría llegado a registrar la asociación #MendorsPas en septiembre de 2023. El objetivo de esta innovadora campaña de sensibilización era arrojar luz sobre las consecuencias de la sumisión química en el ámbito privado. Hicimos un llamamiento para un amplio programa de formación destinado a los profesionales de la salud, así como para la creación de un grupo de trabajo interministerial que agrupara a la mayoría de las partes interesadas con el fin de mejorar la forma en que se atiende a las víctimas, en particular en términos de atención ambulatoria.

El 14 de noviembre de 2023 salió a la luz el caso Joël Guerriau. Este senador habría intentado drogar a Sandrine Josso, entonces diputada del departamento del Loira Atlántico. Con el pretexto de celebrar su reelección al Senado, la invitó a su casa. Sandrine dice que le sorprendió que no hubiera más invitados y que Joël Guerriau vertió una dosis de droga en su copa de champán sin que ella se diera cuenta. Mareada y con náuseas, al principio cree que está sufriendo un infarto. Encuentra fuerzas para escapar...

Aunque el taxista se alarma por su estado, es Sandrine quien toma la iniciativa y alerta a los servicios de emergencia. Llega al hospital con los típicos síntomas de una ingestión de estupefacientes: pupilas dilatadas, boca seca, alteración del estado general. Los análisis toxicológicos confirmarán la presencia de éxtasis en la sangre. Joël Guerriau fue acusado de «administrar a una persona, sin su conocimiento, una sustancia capaz de alterar su discernimiento o el control de sus actos con el fin de cometer una violación o una agresión sexual». Se enfrenta a una pena de hasta cinco años de prisión.

El caso de Sandrine aún no ha llegado a juicio. Pero ya apunta a una hipótesis escalofriante: la agresión puede provenir de un compañero de despacho. También un amigo puede drogarte. Por primera vez, el tema de la sumisión química irrumpe en la esfera política, focalizándose en una mujer que no teme hablar alto y claro. Inmediatamente decido ponerme en contacto con Sandrine y pedirle que se convierta en madrina y portavoz de nuestra asociación. Este mecanismo iba a cambiarlo todo: iba a transformar un trauma personal en una lucha colectiva. Rápidamente decidimos unir nuestras fuerzas. Nuestro objetivo sigue siendo escuchar, creer y ayudar a las víctimas, pues ¡no todo el mundo tiene acceso a los medios de comunicación!

Antes de la disolución de la Asamblea Nacional el pasado 9 de junio, Sandrine dirigía una misión gubernamental, promovida por Gabriel Attal. Aún no sabemos si se mantendrá dicha misión.

No puedo concluir este prólogo sin saludar a la mujer más fuerte y admirable que conozco. Mi madre. Ahora tiene setenta y dos años. Vivió momentos difíciles y de desesperación absoluta a una edad muy temprana, mucho antes que yo. Perdió a su propia madre cuando solo tenía nueve años. Fue en pleno invierno, en enero de 1962, «como consecuencia de una larga enfermedad», como se decía entonces. Cáncer generalizado, como se lo llama hoy más sucintamente. Es evidente que esta pena deja una huella indeleble en la vida de una niña y cambia su futuro. Mi madre se forjó una fuerza mental de acero. Nunca se doblega. Adora la vida, ya le depare buenas o malas sorpresas.

Tras conocerse los hechos, mi madre abandonó el domicilio conyugal casi sin derramar una lágrima. De repente, cincuenta años de vida en común cuestionados... La vi abrir cajas, seleccionar muebles, vaciar armarios, descolgar fotos, con una dignidad increíble. Frágil, agotada, pero pudorosa, resistente. No tenía elección. Tenía que irse. Dejar el pueblo, su barrio, sus amigos, la garriga y las montañas que tanto amaba para seguir con su vida sola, sin saber siquiera dónde. Somos muy diferentes. Yo soy un libro abierto: me resulta difícil ocultar mis emociones. Ella parece una reina medieval. Cuello recto, barbilla alta y ni una queja. Ella es la verdadera heroína, de pie en medio de las ruinas.

En los últimos dos años, mamá se ha convertido en la gran figura de nuestra unidad familiar. Sin embargo, ella es la primera víctima. Ella, la que fue drogada, lesionada y luego arrojada a unos desconocidos, como a los lobos. Se ha tomado tiempo para hablar con sus hijos, para escucharnos. Cuando, algunas mañanas, me resultaba imposible levantarme de la cama, abrumada por la rabia o la desesperación, mamá siempre me animaba a salir, a moverme, a ver gente, a vivir la vida.

Eso es lo que ella ha hecho por los suyos. Se trasladó a otra región donde no conocía a nadie, aprendió a vivir sola, a volver a conducir, a mantener una casa, a ocuparse del papeleo administrativo..., actividades que antes dependían de mi padre. Ha entablado nuevas relaciones, ha conocido a personas que se han convertido en amigos, sin detenerse nunca en los detalles de su vida de *antes*; ha retomado sus actividades culturales y físicas... Es luminosa, divertida, dinámica. Su objetivo final era reconstruir una vida normal, tomar las riendas de su propio destino, lejos de miradas indiscretas. Nunca la hemos visto derrumbarse. Incluso el día en que se enteró de que uno de sus violadores era seropositivo... Y, para colmo, ¡nunca la hemos oído denigrar a nuestro padre!

En estos últimos meses, mamá me ha presionado mucho para que me proteja. Me había lanzado de lleno a la lucha contra la sumisión química en Francia. No siempre es fácil salir a la luz y exponerse en los medios de comunicación. Y el papel de denunciante también puede tener sus inconvenientes.

Saqué fuerzas de un mantra muy personal de mi madre: «Sigue creyendo en la vida y en las cosas más hermosas que te ofrece». ¿Es ingenuo? Al contrario: me ha mantenido en pie.

Fue mi madre quien decidió que el juicio no se celebrara a puerta cerrada. Por lo tanto, será público. Justificó esta elección por los cincuenta hombres implicados en el caso, con el fin de exponerlos a la mirada colectiva. El procedimiento a puerta cerrada habría sido demasiado cómodo. Tendrán que responder de sus actos ante el gran público. Lo hemos hablado largo y tendido juntas. Es su elección y la respeto. Aunque temo el momento en que nuestra historia familiar salga a la luz en los medios de comunicación. Seguro que habrá detalles o mentiras que se harán públicos. ¿Cómo prepararse para el descuartizamiento y la exhibición de la propia intimidad? ¿Para el sentimiento de desposesión, de vergüenza?

Mi madre, en cambio, se siente liberada, según sus palabras. Y esto es en parte gracias a mi acción mediática. Dice que no se puede querer ayudar a las víctimas si uno mismo se avergüenza de serlo. Lo dice de esta manera: «Caroline, gracias por todo lo que has hecho por las víctimas de la sumisión química en el ámbito privado. Voy a mostrarte el mejor ejemplo de tu lucha».

En medio de la carnicería, la mano de mi madre siempre está en la mía.

Esta es la carnicería.

DOMINGO, 1 DE NOVIEMBRE DE 2020

Mañana mi hijo Tom, de seis años y medio, tiene que llevar mascarilla al colegio. Así que ensayamos el gesto. Una, dos, diez veces.

Publico una foto suya, con mascarilla, en mi cuenta de Facebook. Inmediatamente, mi padre responde: «Pobrecito Tom. Buena suerte para este comienzo de curso tan especial. Tu abuelo, que te quiere».

Todavía no lo sé, pero este es el último contacto con mi padre.

¿Cómo es mi vida en esos momentos? Tengo cuarenta y dos años, un trabajo que me apasiona, un marido, un hijo y una casa. En otras palabras: una vida sencilla, que no se ve afectada por ningún seísmo. Una vida privilegiada. Aún conservo la inocencia de los días que transcurren sin sobresaltos. El mañana es una promesa, nunca una amenaza. Mi vida gira en torno a mi marido, mi hijo, mi trabajo, mis actividades, mis padres, mis hermanos y mis amigos. Todo es absolutamente banal.

Pero nadie mide el precio de lo banal hasta que lo pierde.

LUNES, 2 DE NOVIEMBRE DE 2020

Dejo a Tom en la puerta del colegio, justo a tiempo. Le doy un beso cariñoso. Vuelvo a casa, preparo un café, me conecto. En la agenda: reunión, reunión, reunión. Videoconferencias sin fin.

11.00 horas. Mi marido llega a casa. Paul trabaja por turnos. Le envía un mensaje a mi padre: «Acabo de enterarme del recorrido del Tour de Francia 2021. Propongo un plan fantástico en familia: el 7 de julio puedes llevar a tu nieto por la ruta del Mont Ventoux, ¿OK?». Se prepara un almuerzo rápido y luego se echa una siesta.

Cuando despierta, descubre dos llamadas perdidas desde números fijos del Vaucluse.

Este es el punto de inflexión. Un mensaje telefónico, como cuando un hospital avisa a la familia.

A menudo este punto de inflexión tiene una voz, un rostro. El anuncio de una desgracia siempre se encarna en alguien. Durante el resto de nuestras vidas recordaremos la voz o el rostro de la persona que nos dio la noticia. También recordaremos, con todo detalle, lo que estábamos haciendo justo *antes*.

Mi punto de inflexión se produjo como un efecto dominó. Fue mi marido el primero en enterarse de la noticia. Paul escucha el primer mensaje dejado por mi madre: «Soy yo, es urgente. Se trata de Dominique. Por favor, llámame».

Dominique, mi padre, pesa más de cien kilos y tiene problemas respiratorios.

Así que, naturalmente, en plena crisis de covid, Paul ya se lo imagina en cuidados intensivos. Pero el otro mensaje procede de un teniente de la policía departamental de Carpentras. Paul llama primero a mi madre:

—Pero ¿qué pasa?

—Dominique va a ingresar en prisión. Lo descubrieron filmando bajo las faldas de tres mujeres en un supermercado. Permaneció detenido cuarenta y ocho horas y después lo soltaron. Mientras tanto, la policía inspeccionó su teléfono móvil, varias tarjetas SIM, su videocámara y el ordenador portátil. Los hechos son mucho más graves.

Si mi madre ha decidido llamar a Paul antes que

a mí es porque todavía no tiene fuerzas para decírselo a ninguno de sus tres hijos. También sabe que puede confiar en él. Paul es lo bastante fuerte para oír este tipo de noticias.

Llegan a un acuerdo. Mi madre me llamará primero, y delante de él.

Un poco aturdido, Paul telefonea al teniente de policía. El mazazo.

—Hemos encontrado vídeos que muestran a su suegra dormida, visiblemente drogada, con hombres abusando de ella.

Esas palabras suenan huecas. Abren una brecha aterradora. Paul se ve propulsado a otra dimensión, la de las noticias de sucesos impensables revelados por los medios de comunicación, que hasta ahora han trazado una línea divisoria entre lo sórdido y nuestras vidas, que pertenecían al mundo de *antes*.

Imperturbable, el teniente da cuenta de las informaciones, y todas ahondan en el abismo de lo imposible, instalándolo en nuestras vidas.

Las agresiones sexuales se vienen produciendo al menos desde septiembre de 2013, fecha de las primeras imágenes que los investigadores extrajeron de los distintos dispositivos digitales de mi padre. El número de agresores es asombroso:

—Setenta y tres, por el momento. Hasta ahora

hemos identificado a unos cincuenta. Tienen edades comprendidas entre los veintidós y los setenta y un años, procedentes de todas las categorías sociales: estudiantes, jubilados, incluso un periodista. Su suegro organizaba, fotografiaba y filmaba todos los actos. Hasta para mí ha sido difícil ver todos esos vídeos. Y todavía no hemos terminado de peritarlo todo.

El equipo policial llevaba mes y medio trabajando día y noche. Los investigadores temían por la vida de mi madre. Tantas drogas, cuando está a punto de cumplir sesenta y ocho años... El teniente concluye:

—Cuídenla bien. Va a necesitar apoyo.

Paul solo tiene una cosa en mente. Salir. Escapar de la casa. Sabe que aún me quedan unas horas de descanso antes de que me catapulten al otro mundo. Abducida tras la pantalla de mi ordenador, ni siquiera lo veo pasar por mi lado y salir de casa.

En el coche, Paul llama a su hermana Véronique, la madrina de Tom. Le pide ayuda esa misma noche. Idean una estratagema para no despertar mis sospechas.

Cuando me doy cuenta de que mi hijo y mi marido han vuelto del colegio, mi jornada maratoniana acaba de terminar y son casi las siete de la tarde. Les propongo una cena japonesa. Y justo cuando estoy a punto de salir de casa, suena el timbre. Es Véronique. Alegre, sonriente y cariñosa como siempre.

—Solo pasaba por aquí.

Tom salta a sus brazos. Me dirijo al restaurante japonés. En el coche, telefoneo a mi madre, que, extrañamente, me despacha a toda prisa. Tengo un mal presentimiento.

De vuelta del restaurante, pongo las bolsas en la mesa del comedor. Oigo reír a mi hijo con su madrina. Esos pequeños sonidos de la vida cotidiana todavía no son reliquias.

En la cocina, Paul me mira con expresión seria. Me pide que me siente.

Suena mi móvil. ¡Por fin me llama mi madre! El reloj del horno de nuestra cocina, que veo justo detrás de Paul, marca exactamente las 20.25 horas.

Más tarde sabría que las personas que han sufrido un shock traumático a menudo solo retienen un detalle, un olor, un sonido, una sensación, algo minúsculo que se convierte en enorme.

En ese momento veo el reloj del horno. Son las 20.25 en números blancos. Una frontera cifrada. Me llamo Caroline Darian y estoy viviendo los últimos segundos de una vida normal.

Sigo oyendo la voz temblorosa de mi madre. Me pregunta si he llegado a casa y si estoy con Paul.

Insiste. Se asegura de que estoy sentada y tranquila para oír lo que tiene que decirme.

—Caro, tu padre está en prisión preventiva desde esta mañana, y no podrá volver a salir. Lo van a encarcelar.

Me echo a temblar, no entiendo muy bien lo que me dice.

—Tu padre me drogaba con somníferos y ansiolíticos.

—Pero, mamá, ¿qué estás diciendo?

—Y eso no es todo. Tu padre también invitaba a hombres a casa cuando yo estaba inconsciente en nuestro dormitorio. He visto varias fotos mías. Dormida, tumbada bocabajo y en mi cama, con hombres diferentes cada vez, todos desconocidos.

Pierdo el control. Grito, insulto a mi padre. Voy a romperlo todo.

—Caro, es la verdad. Tuve que ver varias fotografías en la comisaría. Creí que mi corazón dejaría de latir. El teniente me dijo que también había muchos vídeos en los que me agredían. Quería que viera uno, pero le dije que las fotos ya eran bastante insoportables. Me dijo: «Lo siento, señora, pero lo que ha hecho su marido es monstruoso».

Se echa a llorar.

Paul me abraza.

Las imágenes se superponen, abyectas, sin sentido: mi madre en su cama con un desconocido, con los ojos cerrados, inerte...

Te recuerdo al volante del Renault 25 negro, demasiado cargado, cuando nos íbamos de vacaciones. Contabas chistes, ponías a Barry White y marcabas el compás del estribillo con la cabeza, tan excitado como nosotros, los niños, que íbamos apretujados atrás. Esa imagen feliz acaba de hacerse añicos. A partir de ahora eres un organizador de orgías, además de un terrible mentiroso: mamá me cuenta que tu último desayuno fue absolutamente normal. ¿Qué reservas de duplicidad debes de tener para haber representado la comedia de la tranquilidad durante todos estos años...?

Mi madre cuelga, ahora tiene que llamar a David, mi hermano mayor, y luego a Florian, nuestro hermano pequeño.

Me derrumbo. Acurrucada contra mi marido, me siento abrumada. Me cuesta respirar.

Mi padre drogó a mi madre antes de hacer que la violaran unos desconocidos. Esta frase es inverosímil. Es tan violenta que solo puedo percibir los reflejos, como una piedra afilada, fragmentos que arañan mi conciencia, sin darme cuenta del alcance de su destrucción. ¿Y si una sobredosis la hubiera matado? ¿Y si no se hubiera despertado? El horror se prolonga desde que se mudaron al Vaucluse hace casi ocho años, cuando mi madre se jubiló.

Yo no vi nada, no sospeché nada. Ni ella tampoco. Ni rastro, ni el más mínimo atisbo.

Todo se borraba gracias a las frecuentes y diminutas dosis de medicamentos que mi padre solía darle. Recuerdo nuestras conversaciones telefónicas, cuando mi madre estaba desorientada o parecía divagar. Sus ausencias nos preocupaban. Nosotros, sus tres hijos, vivimos a más de setecientos kilómetros de ella. Incluso habíamos pensado en un principio de alzhéimer. Mi padre le restaba importancia. Solía decir: «Vuestra madre no sabe cuidarse, siempre está de aquí para allá, es hiperactiva, es su forma de gestionar el estrés».

En 2017 instamos a mamá a que pidiera cita con un neurólogo, al que fue a ver a Carpentras. Este primer especialista habló de un ictus amnésico, una especie de agujero negro, una pérdida de memoria sin secuelas. Ignorábamos, como bien saben los especialistas en neurología, que nunca se sufre más de un ictus a la vez.

En otoño de 2018, mi tío, médico de medicina general jubilado, mencionó un mecanismo de descompensación: «Del mismo modo que, cuando la bolsa de una aspiradora está llena, se para la máquina para que no se queme, así te desconectas tú para que se recarguen las pilas», le dijo. Todos nos creímos esa hipótesis, a pesar de que mi madre se había hecho un escáner, claro está, sin ningún resultado. ¿Cómo íbamos a pensar en un análisis toxicológico?

Pero a medida que pasaba el tiempo y se multiplicaban las ausencias, mamá se preocupaba cada vez más. Sufría de insomnio recurrente, perdió el pelo y adelgazó: más de diez kilos en menos de ocho años. Siempre temía sufrir un derrame cerebral, y eso la angustiaba mucho, sobre todo cuando cuidaba de sus nietos o cogía el tren para venir a verme a la región parisina.

Por este motivo, progresivamente, mi madre dejó de conducir. Fue perdiendo cada vez más autonomía.

En 2019 fue a ver a otro neurólogo en Cavaillon, que achacó su trastorno a la ansiedad. Le recetó melatonina para mejorar la calidad del sueño...

Debo ir a estar con ella. No puedo dejarla allí, sola en el Vaucluse, en esa casa que fue escenario de tantas atrocidades.

Paul lo organiza todo.

Necesito salir, llamar a mis hermanos. Cuando David descuelga, me doy cuenta por su voz de que aún no sabe nada. Me he adelantado a mamá. Me culpo a mí misma. Decido ir directa al grano. David guarda silencio. Tarda diez segundos en asimilar lo que le digo y en formular algo audible:

—Pero... no es posible. Caro, estás de broma, ¿verdad?

Me hace preguntas, pero no tengo todas las respuestas. Me gustaría tranquilizarlo un poco. Siento que se pone tenso. Cuelga para llamar de inmediato a mamá.

Cuando por fin consigo hablar con Florian, nuestro hermano menor, ya ha hablado con mi madre. Está aturdido:

—¿Cómo ha podido hacerle algo así a mamá? ¿Y nosotros? ¿Pensó en nosotros?

Yo lloro como una niña.

Florian me cuenta todo su resentimiento y su odio cuando piensa en el verano de 2018. Me habla de su última cena, la noche en que se fue, después de pasar algunos días en casa de nuestros padres con sus dos hijas. Él y su mujer presenciaron una escena inquietante. Pocos minutos después de sentarse a cenar, mamá desconectó. El codo le flaqueó. Se tambaleó en la silla, como si estuviera borracha. De repente, su cuerpo se quedó sin energía, como una muñeca de trapo.

—Sigo sin encontrar las palabras para describir la relajación de todos sus miembros, Caro. Estábamos hablando con ella, pero era como si estuviera bajo hipnosis. Inmóvil y sin fuerzas, con la mirada perdida. Dejó de responder.

Mi padre decidió acostarla: «Es mejor. Ocurre de vez en cuando, cuando se descompensa por un exceso de actividad».

En realidad, el cóctel de medicamentos que le había administrado en el *office*, en el vaso de vino rosado del aperitivo, empezaba a hacerle efecto.

Aquella noche, mi padre responsabilizó de aquel malestar a Florian y su familia, que finalmente se marcharon.

Cuelgo. Necesito dar un par de vueltas a la manzana.

Esta noche la temperatura no es ni de cinco grados, y sin embargo ardo de rabia. Paul me sigue.

Decide convencer a mis hermanos para que se marchen conmigo a la mañana siguiente en el primer tren. Los consuela como puede con sus palabras:

—La vida es mucho más fuerte, los tres tenéis que arropar a vuestra madre lo antes posible.

Insiste:

—Tenéis que hacer piña con ella. No podéis pasar por esto cada uno por vuestro lado.

También advierte:

—Vais a tener que ser valientes y estar unidos,

porque todo esto acaba de empezar y aún no lo sabemos todo.

Aviso en el trabajo y pido unos días libres. Es hora de ir a la cama. Necesito que estemos juntos los tres. Al final me duermo, con la mano de mi hijo entrelazada con la mía.

MARTES, 3 DE NOVIEMBRE DE 2020

Al despertarme me duele todo el cuerpo, noto una punzada en mitad de la espalda. Y agujetas, muchas agujetas, como si hubiera estado en un ring toda la noche. Me las arreglo para meter en la maleta lo estrictamente necesario. No sé cuántos días voy a estar fuera.

Mientras dejo a Tom en el colegio, le digo por tercera vez que tengo que ir a buscar a abu, en el sur, para traerla luego a nuestra casa. En la puerta, lo cojo en brazos, lo huelo. Saboreo su cuello fino, sus orejitas, su pelo ondulado, su nariz, y luego sus mejillas, siempre calientes, contra las mías. Necesito llevarme un trocito de él. Como una pepita, un amuleto de la suerte que se esconde en secreto.

Tom me contempla. Luego pone ambas manos en mi cara, me mira a los ojos y dice:

—Mamá, ¿sabes cuánto te quiero? Dile a abu que también la quiero.

Esta frase y su forma de acariciarme las mejillas están grabadas en mi memoria. Irónicamente, ni siquiera mencionó a su abuelo.

De camino a la estación del TGV, decido ponerme en contacto con el teniente de policía. Me presento, no parece sorprendido.

Le explico que mis hermanos y yo desearíamos hablar con él en cuanto lleguemos a la estación de Aviñón. No puede concedernos mucho tiempo, debido al plazo legal del procedimiento entablado contra nuestro padre.

Tienen que actuar con rapidez para cerrar el caso, en las cuarenta y ocho horas siguientes a su última detención preventiva, antes de que sea remitido a la sala de lo penal del tribunal de Aviñón. Todavía tienen que volver a casa de mis padres para encontrar pruebas de que mi madre fue sometida químicamente.

Al colgar, cierro los ojos.

En resumen, mi madre ha sido drogada por mi padre y violada por extraños. Durante al menos ocho años. Ya está, la frase tiene sentido. Por más que intento mantenerme en pie, estoy destrozada.

Estación de Massy-TGV, vía 4.

«El tren de las 9.25 a Marsella Saint-Charles acaba de estacionar, vía 4.»

En el andén, miro hacia atrás, hacia Paul, y unas palabras acuden a mis labios antes incluso de que las haya pensado:

—Tengo miedo.

Me envuelve y me abraza. Me gustaría que el tiempo se detuviera para quedarme ahí, con la cabeza apoyada en su hombro.

Una vez instalada, tras el cristal que nos separa, por primera vez veo una insondable tristeza en los ojos de mi marido.

Nunca más volverá a ver esa casa del Vaucluse, que fue para nosotros un lugar entrañable lleno de recuerdos maravillosos.

Enciendes el fuego de la pequeña barbacoa y empiezas a asar la carne, levantas la vista y me sonríes. A nuestro alrededor, las paredes de la casa siguen reflejando el hermoso sol que nos hace a todos tan felices. Tom se columpia, Paul trae el vino. Una terraza, un verano, una familia. Te odio.

¿Siempre has estado trastornado? ¿Y no vimos nada? ¿Es posible vivir con un padre sin llegar a conocerlo? ¿Quién eres realmente?

Necesito un descanso. Me pongo los auriculares. *Dreams* de Fleetwood Mac aparece en modo aleatorio en el móvil y me transporta instantáneamente a mi infancia. El respiro llegará más tarde. La canción habla de un paraíso que creíamos inmutable.

Mi imagen en el espejo del baño es terrible. Incluso con la mascarilla puesta, siento que he envejecido diez años en menos de veinticuatro horas. No puedo dejar de pensar en mi madre. Se convirtió en su objeto sexual, su juguete, su cosa, y no supimos protegerla. Venía a visitarnos muy a menudo a nuestra casa en la región parisina. A veces pasaba varias semanas conmigo, también con Florian y David. Está muy unida a nosotros y a sus seis nietos, que también la quieren mucho.

Cuando se marchaba, teníamos problemas para localizarla en las cuarenta y ocho horas siguientes a su regreso a Mazan. Era mi padre quien cogía el teléfono. Nos decía que estaba descansando y recuperándose de su estancia. Supuestamente, el ritmo de vida parisino la había agotado y a su edad no sabía tomárselo con calma. La misma mentira... Y pensar que nos lo creíamos. También la manipulaba. Insistía en que el ritmo y el aire del Vaucluse eran más sanos que en la región parisina. Y acababa convenciendo a mi madre.

No puedo ni contar las veces que noté a mi madre aturdida. Lo más inquietante es que no recordaba nada de lo que habíamos hablado un día o dos antes. Era como si su cerebro se estuviera reiniciando constantemente.

A mediados de abril de 2019, al día siguiente de que ella se fuera de nuestra casa, Tom quiso llamar a su abu. Quería contarle sus hazañas en uno de sus torneos de rugby. Nada más empezar a hablar, ella comenzó a repetirse como un disco rayado, diciendo cosas incoherentes. Al ver la expresión horrorizada de Tom, cogí el teléfono.

—Mamá, ¿qué día es hoy?

Ella no supo qué contestar.

Llamé a mi padre para decirle que mamá no se encontraba bien, que me preocupaba su estado de salud, y que debía de haber algo más. Cambió de tema. Esta misma situación se repitió varias veces a lo largo de diez años. Siempre encontraba un pretexto para eludir mis preguntas. Curiosamente, dichas ausencias nunca se producían en mi casa ni en las de mis hermanos, solo cuando ella estaba en casa con él. Ahora me doy cuenta realmente.

Siempre estabas huyendo, ahora lo veo con claridad. Siempre eras el único que se quedaba atrás, montabas negocios que siempre se iban a pique, siempre estabas metido en algún lío. Un día estás metido en negocios con un corrupto, otro, te divorcias de mamá por razones financieras con el pretexto de protegernos, luego te casas con ella de nuevo años después... Creas inseguridad y echas balones fuera. ¿Qué les dices a los investigadores? ¿Estás poniendo excusas, tratas de engatusarlos o has admitido los hechos? Lo positivo de esta última opción sería que, por primera vez en tu vida, estarías admitiendo que eres Calimero, el que siempre se está quejando.

Mi madre nunca ha sido una gran consumidora de medicamentos. Paracetamol, lo menos posible... Nunca ha fumado ni ha sido adicta a nada... Sus únicos excesos han sido el consumo de chocolate cuando todavía trabajaba. Le encanta andar.

Su última ausencia data del 22 de octubre de 2020.

Una amiga que vive cerca de París habló con ella por teléfono aquel día, sobre las cinco. Al día siguiente, la amiga le deja un mensaje en el contestador: la víspera había encontrado a mi madre muy agitada, en un estado extraño, y quería saber si todo iba bien.

Cuando mi madre escucha el mensaje, se queda de piedra. No recuerda haber hablado con su amiga el día anterior. Alarmada, se lo cuenta a mi padre. Él finge no entenderla.

Me encuentro con mis dos hermanos en el tren. Los tres nos abrazamos, tan intensamente que los pasajeros nos miran.

A la una de la tarde, en la estación de Aviñón. Tardamos unos quince minutos en encontrar la salida y un taxi en esa estación que, sin embargo, conocemos de memoria. Una salida diferente de aquella en la que papá solía recogernos.

Eres tú el que abres los brazos cuando Tom te salta al cuello, sonríes. Eres tú también el que machaca las pastillas en el vaso de mamá, cuelgas un anuncio y enciendes la maldita cámara.

Delante de la comisaría de Carpentras, vemos a mamá. Nos está esperando. Parece perdida. Con su metro sesenta y cinco de altura, casi flota dentro de la ropa. Lleva las manos metidas en los bolsillos de su plumífero malva.

La mascarilla blanca parece desproporcionadamente grande en su rostro bañado de lágrimas. Sus grandes ojos negros tienen ojeras. Se balancea de una pierna a otra.

En cuanto salgo del taxi, corro hacia ella y la abrazo. Mis hermanos vienen detrás de mí. Se derrumba un poco. La cojo de la mano como si yo fuera su madre.

Abrimos la puerta de la comisaría. En la entrada, de paredes beige y amarillas, caigo en la cuenta de que mi padre está ahí, en alguna celda. ¿Podremos verlo o hablar con él? Por supuesto que no. Estar bajo custodia policial por esta clase de delito supone estar aislado y una detención prolongada.

Un agente de la policía judicial nos conduce a un pequeño despacho con una mesa y dos sillas. Mamá prefiere esperarnos en la entrada.

No puedo dejar de pensar en mi padre. ¿Esta es la habitación donde lo interrogaron?

El oficial nos ofrece asiento. Mis hermanos prefieren quedarse de pie. Los observo. Florian mira fijamente al policía con una expresión sombría que no le conocía. David, en cambio, intenta poner cara de circunstancias, se diría que está menos atormentado, pero solo en apariencia.

En esa habitación estrecha me siento como en una emboscada. Nos veo como a pequeñas presas atrapadas en una caja. Si las paredes se movieran hasta juntarse, no me sorprendería.

Cuando oímos los hechos, palidecemos.

—Su padre tenía la costumbre de drogar a su madre desde hace al menos ocho años, para violarla. Lo filmaba y colgaba las imágenes en internet.

Chapoteamos en el fango.

—También contactó con al menos cincuenta y

tres individuos desde septiembre de 2013 a través de una web de citas, para invitarlos al domicilio conyugal y que abusaran de su madre inconsciente. Publicó fotos de ella para atraerlos y compartió sus actos en foros de discusión. Sin compensación económica.

El grado máximo de perversidad: mi padre, siempre enredado con problemas de dinero, no hizo ningún negocio con mamá. Así que actuaba solo por placer.

Más tarde nos enteraríamos de que la sumisión química era una mezcla de lorazepam, una molécula ansiolítica de la clase de las benzodiacepinas, más conocida como Temesta, y zolpidem, un potente hipnótico, un somnífero que únicamente se receta para el insomnio transitorio grave. Calculo lo que el cuerpo de mi madre, de casi sesenta y ocho años, debe de haber ingerido en los últimos años.

El teniente nos explica que él y su equipo han vuelto esta mañana a registrar la casa, esta vez en presencia de mamá.

Mi padre había escondido los medicamentos en el garaje, dentro de una de sus botas de montaña, en un calcetín de tenis. Esta mañana, en su último interrogatorio, lo ha confesado todo.

La policía también encontró la última receta, que acababa de renovar uno de los médicos del pueblo. Dado el número de cajas de medicamentos recetados en los últimos meses, me pregunto si el médico no fue también cómplice.

Entonces el investigador nos dice que nuestro padre podría ser acusado de «administración de una sustancia que altera el discernimiento o el control de la víctima con el fin de cometer una violación o una agresión sexual, así como de vulneración de la intimidad al fotografiar, grabar o transmitir imágenes de naturaleza sexual de una persona, por agresión sexual con administración de una sustancia a la víctima, sin su conocimiento, para alterar su discernimiento o el control sobre sus actos, además de complicidad en violación con varias circunstancias agravantes y contra X por actos de voyerismo agravado y violación con varias circunstancias agravantes».

En ese momento le pregunto al teniente si mi padre ha mostrado algún remordimiento hacia mi madre o hacia nosotros, sus propios hijos.

—No. Su padre me ha dado simplemente las gracias por «quitarle un peso de encima».

Me quedo sin habla. Florian se crispa, aprieta la mandíbula. David intenta mantenerse erguido, aunque está apoyado en la pared con las manos en los bolsillos. Nunca olvidaré su tez pálida, la expresión de terror de su rostro y la mirada petrificada de sus ojos. Por mi parte, no sé si podré llegar al final de la entrevista.

El oficial continúa.

—Su padre fue detenido por primera vez el 12 de septiembre de 2020, en un supermercado de Carpentras, por filmar intencionadamente debajo de las faldas de tres mujeres que se encontraban en los pasillos. Las tres presentaron una denuncia, lo que lo llevó a ser citado en comisaría.

Mentalmente, doy las gracias a esas mujeres. Si no hubieran presentado una denuncia, las violaciones podrían haber durado mucho más tiempo, sobre todo entre dos periodos de confinamiento. A su manera, esas mujeres salvaron a mi madre. Hace falta mucho valor y resistencia para que las mujeres víctimas de delitos o agresiones sexuales se atrevan a cruzar las puertas de una comisaría. Sin ellas, la policía nunca habría tenido acceso al contenido del teléfono de mi padre.

Al descifrar el disco duro, los expertos descubrieron más de veinte mil fotografías y producciones pornográficas personales, más cercanas a la barbarie que a simples fantasías sexuales.

En esta época, sé poco o nada sobre la sumisión química. He oído hablar vagamente del GHB, «la droga del violador», pero no tenía ni idea de que ese producto estuviera tan extendido. También me entero de que los agresores utilizan cada vez más somníferos y ansiolíticos para abusar de sus víctimas. Probablemente porque estas sustancias son inodoras, incoloras y fácilmente solubles en un líquido.

¿Cómo pude ser tan crédula? Yo, que me creía intuitiva...

También empiezo a ser consciente de la implicación de los inspectores de la comisaría de Carpentras. Su primer objetivo fue proteger a mi madre de su verdugo.

Disponían de muy poco tiempo. En definitiva, tardaron menos de dos meses en analizar la mayoría de esas terribles grabaciones y en identificar a los primeros cincuenta y tres agresores. Toda una proeza.

Cuando salimos de la oficina, le pido al teniente que transmita un último mensaje a mi padre, antes de que sea trasladado ante el ministerio fiscal y se decrete la prisión preventiva:

—Por favor, dígale que no lo perdonaré nunca y que ha arruinado nuestras vidas.

Nos reunimos con mamá, que tiene que releer y firmar la última versión de su declaración. Como estamos a su lado, podemos leer los hechos relatados. Nos quedamos estupefactos al descubrir que nuestro padre se ha sometido a una batería de pruebas serológicas, incluida la del VIH en marzo de 2020. Y, según el historial de recetas que consta en la seguridad social, tomaba Viagra habitualmente. Comprendo en pocos segundos que también ha expuesto a mi madre a diversas enfermedades de transmisión sexual. Ofrecía a su mujer al primer hombre que se encontraba, sin siquiera exigirle relaciones con protección. A veces incluso prohibía el uso de preservativo.

Tengo que sentarme. Inmediatamente lo relaciono con los problemas ginecológicos de mi madre en los últimos años, esos que estúpidamente asociábamos a una fatiga crónica. Así que tendremos que llevar a mamá a un laboratorio para que le hagan una prueba serológica completa. ¿De qué más vamos a enterarnos? ¿De que está enferma? ¿De que ha contraído el virus del sida o una hepatitis? Trato de colocar esta nueva bomba en un rincón de mi mente.

Aparte de la entrevista con la psicóloga de la policía, que dura menos de una hora, a mi madre no se le ofrece ninguna otra atención médica. Tengo que llamar a mi prima, que es médica de cabecera. Pero ¿qué hacen las demás? ¿Las que no tienen la suerte de tener un médico en su entorno?

El policía termina nuestra entrevista informándonos de que nuestro padre ha solicitado al juez de libertades y custodia su puesta en libertad vigilada con un brazalete electrónico. Me oigo a mí misma respondiendo secamente que su desfachatez no tiene límites.

Cuando salimos de la comisaría nos dirigimos al juzgado de primera instancia para recoger una solicitud de asistencia letrada. Necesitamos un abogado que represente los derechos de mamá.

Son alrededor de las cuatro cuando se abre el portón blanco eléctrico de la casa y el bulldog de mis padres, muy apegado a su amo, se abalanza sobre nosotros.

Abrías la puerta del coche para que el perro saltara a tus rodillas. Era todo un ritual. Está claro que el perro merecía mejor trato que nosotros.

Entrar en esa casa, redescubrir su olor, dejar mi maleta en la habitación morada en la que a mi marido, a mi hijo y a mí nos gustaba dormir; atravesar el pasillo, junto a las fotos de familia, los cuadros que él pintó, uno de los cuales representa a una mujer desnuda: todo es insoportable. El recuerdo de este lugar, tan hermoso y que tanto me moldeó, se ha convertido en un cerco infame. Veo las paredes como testigos de escenas abominables. La cara oculta de mi padre lo ha pulverizado todo, lo ha ensuciado. Es imposible mirar una foto feliz sin pensar en la manipulación y el engaño. Me gustaría quemar todos los cuadros, especialmente el de la mujer desnuda.

Tomo aire y voy con mi madre a la cocina. Mis hermanos están ocupados en el salón, donde está el escritorio de mi padre. Son firmes y categóricos: no nos quedaremos en esta casa más de tres días. La ubicación de su ordenador sigue siendo visible. Allí pasaba la mayor parte de su tiempo libre, sobre todo por las noches, hasta altas horas de la madrugada. Sentado en su silla, exhalaba el vapor de su cigarrillo electrónico con los ojos pegados a la pantalla. Incluso cuando sus hijos y nietos estaban en casa.

Tendremos que sacar todo lo que podamos, porque es imposible que mi madre siga viviendo sola bajo este techo.

Mis padres se veían viviendo aquí una jubilación tranquila. Mi padre era un gran aficionado al ciclismo y le encantaban los conocidos itinerarios de la zona.

La casa, en una calle sin salida muy tranquila y bien cuidada, era ideal para alojar a la familia y a sus amigos. Tenía el tamaño justo y estaba bien orientada. Tenía cierto caché, con sus contraventanas azul pálido, un bonito jardín con árboles, una piscina en la que mi madre hacía siempre pie, una pequeña zona de solárium, además del parterre de flores que mi padre cuidaba con esmero. Y también el olivo plantado no muy lejos, que, simbólicamente, les regalamos cuando nació Tom, el camino de grava con sus bonitas luces, la morera, las grandes adelfas y unos laureles cerca para que no se sintieran demasiado aisladas. Con los años, lo habían convertido en un lugar a su imagen y semejanza.

Me gustaba la terraza justo delante de la casa.

Recuerdo nuestras barbacoas, nuestras charlas, nuestras risas, nuestros alegres aperitivos, nuestras cenas tardías, que a veces terminaban con música o competiciones de baile, pero también nuestras bulliciosas partidas de Trivial Pursuit o Atrapa un Millón.

Nos recuerdo felices. Creía que mis padres también lo eran.

A mi madre nunca se le habría ocurrido abandonar la región. Le encanta la garriga, con sus montañas, el Mont Ventoux, los pueblos de alrededor, sus fiestas en verano, los pequeños comercios, los horticultores, el mistral en invierno.

El sonido de mi móvil me devuelve a la Tierra. Un número del Vaucluse. Una lanza me atraviesa la espalda. Descuelgo. Es el oficial al que acabamos de dejar. Me pide que vuelva a la comisaría, dice que tiene material informático para entregarme en persona y unos USB que, según él, no tienen ningún interés. El reloj del microondas de la cocina marca las 17.25.

Es otra señal de malas noticias. Así que me aferro a esas cifras digitales verdes como a una tabla de salvación.

Le indico amablemente que probablemente podría esperar hasta el día siguiente, pero insiste y acaba diciéndome que tiene algunas cosas que enseñarme que me conciernen. Cuelgo. Estoy temblando. Cojo el bolso y las llaves del coche. Estoy a punto de marcharme cuando Florian se ofrece a llevarme; de ninguna manera voy a ir sola, y mucho menos sin él.

En este momento, ambos estamos convencidos de que lo peor está por llegar. En el coche, con el pulso acelerado y el pecho a punto de estallar, abro la ventanilla, la espalda me arde.

El trayecto dura unos veinte minutos, pero parece interminable.

Al llegar a la comisaría, estoy convencida de que saldré de ahí totalmente destrozada. Mi hermano me sujeta del brazo. De hecho, no siento las piernas.

Son más de las seis y sigue habiendo agentes, hombres y mujeres también, en esta comisaría de provincias. ¡Me habría encantado estar aquí por el robo de un bolso o por allanamiento!

Un policía me hace señas para que lo siga. Florian se levanta, dispuesto a acompañarme. No se lo permiten. De momento, tiene que esperar ahí. Caminamos menos de diez metros y descubro una nueva oficina pequeña donde me esperan dos policías, cada uno sentado detrás de la pantalla de un ordenador. Tomo asiento.

Pongo las manos sobre los muslos y los aprieto con fuerza para contener el estrés.

Entonces veo una carpeta grande azul. Algunas hojas sobresalen ligeramente. Fotos impresas en papel A4.

Tengo miedo de lo que voy a ver.

El oficial de policía me pide que me relaje.

—No hay nada que no se pueda superar —dice.

Tiene dos fotos para enseñarme. Solo quiere saber si me reconozco.

En la primera imagen que pone delante de mí, veo a una mujer joven con el pelo castaño oscuro con un corte bob, tumbada en una cama del lado izquierdo. Es de noche, pero hay luz artificial, la de la lámpara de cabecera. Lleva un pijama blanco de invierno y bragas beige.

El edredón está levantado por el lado derecho, lo que permite ver de cerca las nalgas. Está dormida. La encuentro sorprendentemente pálida, con ojeras.

Levanto la vista y le digo que no estoy segura de reconocerme.

Mi móvil vibra en el bolsillo del abrigo, es David. Probablemente quiere saber qué está pasando. Insiste, pero no puedo descolgar.

El policía coge entonces la segunda foto y me la muestra. Las sábanas me resultan vagamente familiares. Pero nada más. La misma posición, casi al milímetro, algo muy perturbador. El mismo perfil y las mismas extrañas sensaciones cuando miro la imagen.

Se trata, claramente, de una habitación diferente. Esta vez la mujer lleva una camiseta de tirantes con dibujos en blanco y negro y el mismo tipo de bragas que en la foto anterior. Pido volver a ver la primera foto. De hecho, en ambas fotos son las mismas bragas beige. Repito que no me reconozco.

El agente me observa durante unos segundos.

—Perdone que le pregunte, pero usted tiene una mancha oscura en la mejilla derecha, como la joven de las dos fotos, ¿no?

Mis ojos vuelven a las dos fotos. Tengo una revelación. Siento un hormigueo en el cuerpo, estrellas como motas me impiden ver con claridad, me pitan los oídos. Me caigo de espaldas. El policía llama a mi hermano. Florian se arrodilla frente a mí, me coge las manos y me pide que respire con él.

¡Por fin me traen un vaso de agua con azúcar!

¿Cómo pudo fotografiarme en medio de la noche sin despertarme? ¿De dónde salieron las bragas que llevo en la foto? ¿También me drogó? Peor aún, aparte de hacerme esas dos fotos, ¿abusó de mí?

Cuando vuelvo en mí, miro al funcionario y asiento. Sí, soy yo la de las fotos. Me cuesta trabajo ponerles fecha. Pero sé que datan de hace unos años. Uno de los policías intenta tranquilizarme:

—La evaluación psiquiátrica de su padre, realizada cuando fue detenido por primera vez en septiembre de 2020, reveló una perversión ligada al voyerismo.

Añade que las diversas pruebas incautadas desde entonces muestran con claridad la escalada de sus pulsiones sexuales. Habría sido progresiva a lo largo de los últimos años, hasta culminar en lo irreparable con mi madre.

Atónito, Florian me pregunta si puede ver mis dos fotos. Y él, como yo, tiene que admitir lo inconcebible.

Estamos estupefactos, conmocionados. Transcurren unos minutos.

Ahora tengo que presentar una denuncia contra mi padre. Para dejar constancia de que yo también soy una víctima. No puedo pasar por alto algo así. Esas fotos son una muestra más del nivel de su perversidad.

—¿Le viene a la memoria algún flash, algún acontecimiento, aunque sea un detalle? —pregunta el oficial.

Sin saber por qué, pienso en Pascale, la mejor amiga de mi madre, a la que no hemos visto desde hace veinte años. Se conocieron en el trabajo a principios de los años ochenta. Se llevaban diez años. Mi madre, que era mayor que ella, la consideraba su hermana pequeña y quiso que fuera la madrina de Florian. Formaba parte de nuestra familia. Pascale compartió muchos de los momentos más importantes de nuestras vidas. Venía a menudo a visitarnos y la recibíamos como si estuviera en su casa.

Sin embargo, se pelearon a principios de la década de 2000 por algo que yo no acabé de comprender. Recuerdo que mi padre desempeñó un papel fundamental. No dejó de denigrarla para alejarla de mi madre.

Por entonces, Pascale advirtió a mi madre de que mi padre se comportaba de forma inapropiada, de que se le había insinuado: «No sabes con quién vives. Ya va siendo hora de que abras los ojos. Tu marido no es quien crees que es».

Tras una acalorada discusión, mi madre le pidió que saliera de su despacho.

Cuando mi madre le preguntó a mi padre, él lo negó. Incluso amenazó con ir a ajustarle las cuentas. Después de aquello, ellas no volvieron a hablarse. En aquel momento me sorprendió la actitud de mi padre, que me pareció desproporcionada para alguien que no tenía nada que reprocharse. Me hice muchas preguntas.

Mi madre lo pasó mal. Decidir poner fin a una amistad de veinte años fue un suplicio. Animada por mi padre, acabó cortando definitivamente con Pascale.

Hoy estoy firmemente convencida de que aquella

ruptura en la vida de mi madre fue el principio del control que mi padre ya ejercía sobre ella.

La hiciste reír mucho. Hacías un chiste y ella se partía de risa. Yo me decía que, después de tantos años, era un milagro que ambos siguierais teniendo el mismo sentido del humor. Durante vuestros primeros años en Mazan, os desternillabais. Todo era una excusa para soltar una carcajada.

Le propongo al oficial que se ponga en contacto con Pascale. Luego releo mi declaración y la firmo. Nos levantamos para irnos. Razono conmigo misma. Me niego a imaginar lo que podría haber ocurrido fuera de esas dos fotos.

Florian y yo bajamos la escalera, huimos, dejando atrás lo impensable, como si estuviera encerrado en esa comisaría y no fuera a contagiar nuestras vidas, como si, al alejarnos de esas dos fotos, fueran a desaparecer.

De camino a casa, llamo a David. Está destrozado.

Me estremece la postura en la que salgo en las fotos. Estoy convencida de que no estoy durmiendo de forma natural. Suelo tener el sueño ligero y me despierto a la mínima. Así que también a mí me ha drogado.

Mi madre está en el salón, mirando los documentos que hay en la mesa. Encuentra recordatorios de pago, problemas financieros. Mi padre los había metido desordenados en fundas de plástico.

Cuando entro en la habitación, me mira con aire indiferente, como si yo acabara de volver de un paseo. No estoy segura de que pueda soportar la historia de las dos fotos, pero tengo que contársela. Y, como esperaba, no reacciona. Se queda ahí, de pie, con la mirada perdida.

—¿Estás segura de que eres tú en las dos fotos?

Duda de lo que he visto. Estoy atónita. Quizá sea una defensa inconsciente, pero esa reacción me duele. Florian entra en el salón y declara con firmeza que soy yo la de las fotos. No hay ninguna duda. En una de ellas, cree incluso que ha reconocido el lugar. Uno de los dormitorios del antiguo piso de nuestros padres. Mucho antes de 2013.

Comprendo entonces que mamá escoge la negación.

Necesito aire, y también a Paul. Para mí es lo mismo. Salgo a la terraza a llamar a mi marido.

Estalla. Me insta a contratar a un abogado. Tras algunas averiguaciones se impone, según él, un nombre. El de una experta en derecho penal. Una personalidad fuerte, famosa por ser una leona en este tipo de casos. Cuando marco su número, me encuentro de nuevo en el salón frente a mi madre. Ella está ahí sin estarlo, susurrando que todo va demasiado rápido para ella.

La abogada contesta. Rápidamente menciona la importancia de los exámenes toxicológicos y psiquiátricos por ambas partes. De entrada, nos tranquiliza sobre los gastos. Aunque los costes serán elevados, se deducirán en gran parte de la indemnización por daños y perjuicios que se percibirá al final del juicio, al menos para mi madre. Nos indica el contenido de la carta que habrá que enviar a la jueza de instrucción. Aunque hay un desfase entre lo que me anuncia y nuestro estado de desconcierto, veo lo que nos espera. Tendremos que librar una larga batalla, será una carrera de fondo. Cada uno de nosotros tendrá que hacer su propio camino, aceptar su parte en el duelo. Mi madre tendrá que renunciar a su marido; nosotros tres, renunciar a nuestro padre.

—En este tipo de instrucción hay que esperar al menos tres años antes de poder ir a juicio —me explica la abogada—. Desgraciadamente, el tiempo judicial no es el de las víctimas.

Este lenguaje se convertirá en mi vida cotidiana. Pensaba que tenía una vida sencilla y corriente, pero me veo catapultada al mundo jurídico.

Sigo sin poder tragar nada. Me conformo con un plato de sopa antes de seguir desenterrando los correos apilados en los cajones del escritorio de mi padre. Descubro multas que indican viajes nocturnos e improvisados por autopista y recordatorios de pago metidos de cualquier manera en carpetas. ¿A qué corresponden esas deudas? ¿Por qué citó varias veces a mis padres el tribunal administrativo de Carpentras? Mi madre es incapaz de responder a mis preguntas. No solo porque está agotada, sino también porque hace tiempo que delegó en su marido la gestión de la casa. Ni siquiera hacía ya la compra. Mi padre, alegando aliviarla de esa tarea, iba solo. Aparte de pasear con su amiga Sylvie, mi madre ya casi no tenía actividad social. Caigo en la cuenta del grado de control que tenía mi padre sobre mi madre.

En cualquier caso, según ella, se volvió imposible interesarse por el correo: para él era una cuestión de honor recogerlo en cuanto pasaba el cartero.

Llegó a ponerla en su sitio. Ella se sentía excluida. Acabó por tirar la toalla.

A pesar de lo cansada que estoy, me aterra la idea de dormir sola en la habitación color violeta. ¿Cuántos agresores han pasado por esta casa para violar a mi madre? Temo que alguien venga a visitarnos en medio de la noche. Florian acepta dormir en un colchón en el suelo junto a mi cama.

Entretanto, Tom y Paul pasan la tarde en nuestra casa, viendo el partido entre el PSG y el OM. Tom y mi padre, su abuelo, tenían por costumbre llamarse antes del comienzo del partido para hacer pronósticos. Esta vez, mi hijo se contenta con un comentario:

—Papá, dile al abuelo que voy con el OM.

Paul se pone tenso, una oleada de desolación se apodera de él cuando los jugadores saltan al campo. Sabe que esa complicidad no volverá a repetirse, y está muy enfadado con mi padre por privar de ello a Tom, que siempre ha sentido un gran afecto por su abuelo. Así que, después de acostar a nuestro hijo, Paul decide enviar un último mensaje de texto a mi padre.

Sabe muy bien que, desde las profundidades de su celda, es poco probable que mi padre lea esas pocas líneas. De todos modos, Paul le escribe por última vez.

Te escribo un mensaje que no leerás nunca.

Ver un partido del OM con tu nieto significa oír: «Dile al abuelo...» cada cinco minutos.

Pero no podré decirle nada al abuelo. Y mi hijo tampoco.

Eres un miserable por haber hecho lo que hiciste.

Eres un miserable por haber privado a mi hijo de su último abuelo.

Estoy llorando, y vete a la mierda.

En la cama, vuelvo a ver las dos fotos una y otra vez. Me despierto a las 5.42 de la mañana, he olvidado dónde estoy. Oigo la respiración de Florian, que duerme profundamente a mi lado. Me da miedo ir al baño, al otro lado del pasillo, frente a la puerta principal. Esta casa se ha convertido en un peligro. Llegar al baño es una carrera de obstáculos, y mantengo los ojos fijos en la luz del móvil.

Vuelvo corriendo a la cama y me acurruco bajo las sábanas. Me gustaría volver a dormir, pero todos mis sentidos están alerta. Estoy atenta al menor ruido.

Solo quiero que amanezca pronto.

MIÉRCOLES, 4 DE NOVIEMBRE DE 2020

Dos horas después me despierta el ruido de los cubiertos. Son las 7.45. Mamá está sentada en la cocina con su tazón de café solo, mirando por el ventanal. Quizá esté esperando a mi padre, a que vuelva de uno de sus paseos mañaneros en bicicleta. Parece muy pequeña en esta cocina silenciosa, frente a la silla vacía de mi padre. A menudo, cuando venía a verlos, los encontraba cara a cara por la mañana, hablando de qué harían ese día o comentando las noticias.

Me planto frente a ella. Me ofrece un café. Es la primera vez que estamos solas desde que nos volvimos a ver la víspera. Está claro que su noche ha sido tan corta como la mía.

Ella también ha estado pensando en las fotos mostradas en la comisaría, donde aparece desnuda e inconsciente. Para ella, es irreal. Esas imágenes son ficticias, no tienen nada que ver con sus años de vida conyugal.

Mi madre me habla de la mañana del 2 de noviembre, cuando los citaron en comisaría. Fue en ese momento cuando la policía se hizo con el material informático de mi padre tras su primera detención en el supermercado de Carpentras. De dicha detención, mi madre solo conoce la versión muy edulcorada que le transmitió mi padre. Le habló de dos mujeres en lugar de tres, y no le dijo que había filmado bajo sus faldas. Ese día, en la cocina, él llora a lágrima viva y confiesa «una gran estupidez». Como se temía el anuncio de una enfermedad grave, mi madre se siente casi aliviada por su confesión. Sobre todo, porque mi padre jura por Dios que no sabe qué le ha pasado, que es la primera vez, que ha sido una locura pasajera.

Una comedia grotesca y patética.

Como quien no quiere la cosa, le confesó que pensaba consultar a un psiquiatra. De hecho, no le quedaba más remedio, ya que era una de las condiciones para salir en libertad de su primera detención preventiva.

Siguió diciendo que ya no podría hacer el viaje de un mes en velero con su hermano mayor y su sobrino con el que tanto había soñado.

Ese gran viaje tenía que iniciarse el 30 de septiembre de 2020, pero mi padre, para no ir, pretextó el hacinamiento a bordo del barco y su ausencia prolongada. Podría ser demasiado largo para mi madre.

En realidad, ya sabía que la policía volvería a citarlo. Y que no podría salir del país.

Al final, a mamá la llamó el teniente de la comisaría de Carpentras el 13 de octubre, o sea, poco menos de un mes después de aquella farsa.

Por ello, cuando el oficial le pregunte si conoce el incidente con su marido en la tienda Leclerc a mediados de septiembre, mamá responderá afirmativamente. Pero también le pedirá hábilmente que acompañe a su marido a la nueva convocatoria del 2 de noviembre. En ese momento, ella no tenía ni idea de lo que le esperaba.

Mi madre se levanta para servirse otra taza de café. Me cuenta los últimos momentos que pasó con mi padre.

La mañana del 2 de noviembre, mi padre estaba sorprendentemente tranquilo. Ambos se levantaron a la misma hora, hacia las siete, para tomar, sin saberlo, su último desayuno juntos. Mi madre evoca el cumpleaños de su hermano Michel, fallecido años antes:

—Hoy, Michel habría cumplido sesenta y nueve años.

A las 8.45 salen de casa.

Mi padre lleva los pantalones verdes de pana y el polo rosa de Eden Park que le regalamos Paul y yo. Por encima, su chaqueta de chándal gris. Mi madre le hace un comentario sobre su falta de elegancia.

«Ah, tu madre y su eterna preocupación por el detalle», suspirabas a menudo, con un hastío ligeramente amargo que yo achacaba a los casi cincuenta años juntos, sin calibrar el desprecio que escondía aquella frase. Debes de odiar a las mujeres y sus deseos, puesto que decidiste que tu mujer pagaría por todas ellas.

Durante el trayecto, mi padre no da muestras de ningún signo de ansiedad, me dice mi madre. Conduce tranquilamente.

Una vez aparcado el coche, camina confiado hacia la comisaría. En el fondo, está convencido de que se trata de una mera formalidad administrativa.

El teniente propone primero que mi padre lo acompañe para hablar con él. Se levanta sin mirar a mi madre.

Cree que puede salvarse.

Al cabo de una hora, mi madre ve bajar de nuevo al teniente de la policía. Esta vez va a buscarla a ella. Mi madre piensa que va a reunirse con mi padre, pero el oficial le pide que se siente. Ella no se atreve a hacer ninguna pregunta. El teniente la interroga acerca de lo sucedido en el supermercado dos meses antes, y luego la conversación toma un cariz que a mi madre le parece extraño.

—Señora, ¿qué adjetivos definen la personalidad de su marido?

—Mi marido es una persona bondadosa y atenta, siempre dispuesto a echar una mano. Los que lo rodean lo aprecian mucho. Nos conocimos cuando ambos teníamos dieciocho años y nos casamos poco después, en abril de 1973. Tenemos tres hijos y varios nietos.

—¿Diría que han seguido teniendo tanta complicidad a lo largo de los años?

—Sí. Hemos tenido nuestros momentos bajos. Pero siempre conseguimos superarlos.

—¿Tienen amigos en la zona? ¿Se invitan mutuamente?

—Vivimos en Mazan desde marzo de 2013. Sí, claro que tenemos amigos. Nos vemos, nos invitamos a comer o a cenar, en fin, tenemos una vida bastante normal.

—¿Duerme usted la siesta?

Mi madre se siente desestabilizada. Sobre todo, cuando el policía le pregunta cómo se encuentra cuando se levanta por la mañana, con qué frecuencia tienen relaciones sexuales, si practican los intercambios de pareja...

—No, eso es horrible, no soportaría las manos de otro hombre. No, necesito que haya sentimiento —responde mi madre desconcertada.

Se pregunta si no se están confundiendo de persona.

Finalmente, el teniente saca un primer expediente. Con una mirada a la vez compasiva e incómoda, le advierte que las imágenes no le van a gustar. A mi madre le duele el pecho. Saca las gafas.

En la primera foto aparece inconsciente, desnuda, bocabajo, con un hombre de color detrás. Las otras tres fotos son similares, con hombres diferentes cada vez. Es su dormitorio, su cama, sus sábanas, sus mesillas de noche, sus lámparas.

Y es ella. Pero ella no recuerda nada.

El oficial le presenta una foto de mi padre agachado frente a otra mujer desnuda a la que ella no conoce y que también está claramente inconsciente.

A continuación, propone a mi madre enseñarle una selección de vídeos. Ella se niega, sin fuerzas.

El oficial decide informar a mi madre acerca de la sumisión química dispuesta por mi padre. Le administraba una mezcla de somníferos y ansiolíticos en el café solo o en el vaso de la comida. A veces podía permanecer dormida más de ocho horas seguidas. La primera agresión se remonta a septiembre de 2013, según el análisis del material informático de mi padre: varias tarjetas SIM, una videocámara, una cámara de fotos y un disco duro con más de veinte mil fotografías y vídeos. La brigada ya ha identificado a cincuenta y tres autores de violaciones desde el inicio de las investigaciones, y deja caer que probablemente haya más.

—En el imaginario colectivo, las violaciones suelen producirse de noche, en un aparcamiento o en un callejón oscuro —explica el oficial—. Pero en la mayoría de los casos, el agresor forma parte del entorno de la víctima: un amigo, un cónyuge, un compañero de trabajo, una persona cercana... Y la administración de drogas es más frecuente de lo que se cree, no siempre se trata de una pastilla en una copa en una fiesta. La sumisión química también puede producirse dentro de una pareja.

Mi madre comprende a medias. Está rota. Ahora tiene que presentar una denuncia contra su marido y recibir tratamiento urgente con una psicóloga.

Cuando mi madre regresa a su casa, la encuentra patas arriba. La policía ha vuelto a registrar la casa esa misma mañana, en busca de nuevas pruebas. Se han llevado el ordenador de repuesto que había conseguido él mientras esperaba a que le devolvieran el suyo.

Han registrado cajones y armarios y lo han revuelto todo. Mi madre, atónita y sin habla, vuelve a poner la casa en orden.

Lava, seca y plancha la ropa de mi padre, le prepara una muda para llevársela a comisaría. Actúa como un robot. Su cuerpo funciona, pero no su cerebro. En psicoterapia, esta reacción se llama *disociación*. Permite aislar la experiencia para afrontar mejor el trauma. Es un mecanismo de autodefensa psíquica.

Voy por el quinto café cuando mi madre termina su historia. El resto lo sé. Mis hermanos vienen y se reúnen con nosotras en la cocina.

Decidimos hacer una limpieza a fondo. Yo me ocupo de los cajones del escritorio. La situación económica de mis padres me parece tan caótica como catastrófica.

Algunas cartas indican un alto nivel de endeudamiento. Está claro que las sorpresas no han hecho más que empezar.

David y Florian se dedican a vaciar las habitaciones. El objetivo es marcharnos el jueves, 5 de noviembre, a última hora de la tarde. Ninguno de nosotros quiere pasar una tercera noche entre estas cuatro paredes. Mamá no desea guardar gran cosa de su vida de *antes*. Fotografiamos la mayoría de los muebles, que publicamos en Le Bon Coin. Llenamos grandes bolsas de basura y las llevamos al punto limpio. Pero nuestro frenesí no impide que conservemos algunas cajas, algunos recuerdos del pasado.

Foto de vuestro segundo matrimonio, el 7 de julio de 2007. Después de aquel famoso divorcio por motivos económicos... Llevas un traje gris claro, sonríes, abrazas a mamá. Pareces infalible. Y sano.

Descuelgo sus dibujos y sus lienzos de las paredes de la casa. Todos los que pintó desde su llegada a este pueblo. Empezando por aquel cuadro de una mujer desnuda. Lo cojo, lo saco a la terraza y lo estrello contra el respaldo de una de las sillas que hay ahí.

Se rompe en dos y uno de los trozos se da la vuelta. En el reverso, una inscripción en lápiz negro. El cuadro se titula *La dominación*, agosto de 2016.

Por la noche, mantengo los ojos abiertos.

Hoy, a mi padre lo han trasladado a la sala de lo penal del tribunal judicial de Aviñón para comparecer ante el juez ese mismo día. Después lo encarcelarán directamente en la prisión de Le Pontet, en el edificio reservado a los delincuentes sexuales. Voy a tener que acostumbrarme a juntar las palabras *mi padre* y *delincuente sexual.* Pienso en las dos fotos. ¿Hasta dónde llegó conmigo?

JUEVES, 5 DE NOVIEMBRE DE 2020

Mi cuerpo está rígido. Todavía me duele la espalda. Mis hermanos se han ido al punto limpio. Es nuestro último día en esa casa. Aún queda mucho por hacer antes de coger el tren a París con mamá, que se viene con nosotros.

Mi amiga Anne me llama para ver cómo estoy. Me aconseja que no espere a ver a una psicóloga y me recomienda una profesional especializada en este tipo de traumas. Salgo a la terraza para llamarla.

Empiezo con lo que mi padre le hizo padecer a mi madre: las drogas, las violaciones, las mentiras, la manipulación. Luego le hablo de mis dos fotografías.

Hace una pausa. Al poner en palabras por primera vez todas las angustias que ocupan mi mente y me obsesionan desde hace casi tres días, me doy cuenta de la violencia y la aberración de lo que estoy viviendo.

Para terminar, la psicóloga me informa sobre sus honorarios, que me dejan anonadada.

Cuando me doy cuenta de que estoy sentada a los pies de la morera, han pasado ya varios minutos desde que he colgado. No puedo levantarme.

Oigo que se abre la verja, mis hermanos vuelven del punto limpio, es su último viaje. Florian se acerca a mí.

Me echo a llorar.

—Creo que me drogó. En esas dos fotos no estoy durmiendo de forma natural. La luz es demasiado intensa como para no despertarme. Además, me conozco y sé que no duermo vestida así, ni en esa postura, que es exactamente la misma en las dos fotos. ¿Y esa ropa interior? Es exactamente la misma en ambas fotos. ¿Cómo es posible? Las fotos fueron tomadas en dos lugares diferentes en dos épocas muy distintas.

Florian comprende que estoy sufriendo un ataque de pánico. De todos modos, es demasiado tarde, mi mecanismo mental de supervivencia se ha descompuesto. Mis hermanos me llevan a la cocina y me colocan en el suelo, en posición lateral de seguridad. Estoy temblando y sudando. Mi madre me mira asustada. Florian me habla, pero no oigo nada. Veo borroso. Luego, de repente, no hay sonido, ni imagen.

Cuando vuelvo en mí, han llegado los bomberos. Me toman la tensión y me dan un vaso de agua con azúcar. Una joven morena me habla con voz muy suave. Le ruego que me ayude. Quiero huir.

Permanezco ahí sentada unos minutos, luego entiendo que van a administrarme un sedante, para lo que tengo que acudir al servicio de urgencias de Carpentras.

David interviene. Si subo a ese camión rojo, no habrá forma de que me vaya con ellos esta noche. Imposible quedarme en esta casa un día más. Demasiado penoso, demasiado duro, demasiado doloroso. La única alternativa es ir, por vía de urgencia, a ver a un médico a la ciudad. Tres cuartos de hora más tarde, cruzo el umbral de la consulta médica en el pueblo, acompañada por mis dos hermanos. En unos minutos, una pastillita me hace sentirme más ligera. Cuando volvemos, nuestra casa de antaño se ha convertido en un cascarón vacío. Ya es hora de marcharnos de aquí. Cuando cerramos la puerta, el rostro de mamá se crispa. Deja muy poco tras de sí.

¿Recuerdas la fiesta que organizamos en nuestra casa familiar para celebrar el cincuenta cumpleaños de ambos?

Nosotros, tus hijos, vuestros amigos, todos reunidos, aquel catering tan refinado, los buenos vinos, la música que tanto te gustaba y con la que todos bailamos aquella noche, con mamá agarrada a tu cuello.

En tu discurso le agradeciste con delicadeza, a «mi encuentro más hermoso, a mi todo», todos estos años de felicidad. Y terminaste con:

«Y gracias a la vida».

Esa misma tarde nos dirigimos a la estación de Aviñón.

Cuando llegamos a casa, Paul lo ha puesto todo en orden y preparado la habitación de invitados para mamá. Incluso ha preparado un bonito ramo de flores. Un colorido dibujo de bienvenida de Tom reina en la estantería de la biblioteca.

Paul nos anuncia que ha encontrado a la psicóloga ideal para mamá. Podrá verla a partir del próximo sábado por la mañana en su consulta. Primera buena noticia de la semana. Espero poder cerrar los ojos más de dos horas esta vez.

VIERNES, 6 DE NOVIEMBRE DE 2020

Esa mañana me despierto sin habla. Mi voz se ha extinguido, como mi vida de *antes*.

Durante el desayuno pienso en el expediente que hemos traído de Mazan, y que contiene extractos bancarios y contratos de préstamo. Durante más de hora y media examino las numerosas cartas para cotejar la información. Rápidamente me doy cuenta de la magnitud del desastre.

Las sumas adeudadas son astronómicas. Mi madre es incapaz de decirme exactamente cuál es el estado de los vencimientos: «Eso lo llevaba él», repite. Pierdo los nervios.

—¿Cómo pudiste confiarle esta parte de vuestra vida? ¡Siempre ha sido un pésimo gestor! Si ese hubiera sido su punto fuerte, ¡lo sabríamos! ¡Con todas las dificultades por las que habéis pasado!

Mi madre no contesta. No parece comprender que esa situación financiera va a cambiar considerablemente su nivel de vida.

Las llamadas telefónicas que hago a las entidades bancarias confirman mis temores. Han firmado préstamos considerables. Todo o casi todo está a nombre de mi madre.

Varios recursos de reposición contra ellos, y una de las últimas sentencias registradas por un despacho de agentes judiciales de Carpentras estipula un 14 % de intereses de penalización al año por un préstamo ya de por sí colosal contraído en 2009. La deuda acumulada es asombrosa. ¡Alucino!

Vuelvo a perder los nervios cuando mi madre promete hacerse cargo y ocuparse del asunto. Me dan ganas de zarandearla. Cuanto más sé sobre la vida de mis padres, más me doy cuenta del control que mi padre ejerció sobre ella sin que ella pestañeara. Estoy muy cansada. Me tumbo. ¿Terminará algún día esta pesadilla?

Pasan varias horas. Cuando me despierto me duelen las sienes, y tardo quince minutos en levantarme de la cama.

Mi madre acaba de volver de su paseo. La luz del día se desvanece. Parece relajada. Me arrepiento de haberle gritado. Me prometo que a partir de ahora seré más considerada con ella. Pero Paul me hace un gesto con la cabeza para que lo siga discretamente a la cocina. Me pongo tensa.

¿De qué se trata?

Paul señala la pantalla de su ordenador. Lo noto nervioso.

—Lee esto.

Un artículo con fecha del día anterior en el sitio web Actu17: «Carpentras: Drogaba a su mujer, invitaba a desconocidos a violarla por la noche y filmaba las escenas».

Cuando se entera, mi madre se desploma en brazos de Paul y él la lleva al sofá. Esta vez, soy yo quien se siente impotente. A este artículo pronto lo seguirán otros. Paul lo sabe. Es su profesión. Los sitios de la prensa regional también se harán eco. Ahora tengo que llamar a mis hermanos para advertirlos. Estamos destrozados.

—¡Qué escándalo! —exclama Florian.

Los tres estamos hundidos.

¿Quién es realmente mi padre? ¿Dónde está el hombre que una vez me mimó? ¿Dónde está el que me llevaba a la escuela, me animaba en mis actividades deportivas, mis estudios, mis proyectos y, más tarde, en mis elecciones profesionales?

¿El hombre que cuidaba de sus nietos, jugaba con ellos y parecía colmado con su vida familiar? ¿Cómo se puede llevar una doble vida y engañar al mundo durante tantos años?

Paul se me acerca. Le doy una bofetada por primera vez en nuestra historia. Se me está yendo la cabeza. Mi madre me pide que me calme. Pero no puedo. Tras el ataque de nervios, me quedo tetanizada. Pido ayuda. Paul me dirá mucho más tarde que aquel ataque de histeria lo aterrorizó. Instantes después llega la ambulancia. Veo a mi vecina asomada al portal. Me habla. No la oigo. Ya estoy lejos.

Llegamos al hospital. Paso parte de la noche en una camilla, luego en una habitación, donde vendrán a verme dos veces. Si me hubieran prestado apoyo nada más salir de la comisaría de Carpentras... Si hubiera podido beneficiarme de un seguimiento terapéutico, en lugar de dejarme así, al borde del abismo y abandonada a mi suerte..., no habría acabado en este hospital. ¿Cuándo podrá la justicia apoyar y proteger a las víctimas después de presentar la denuncia? ¿Cómo se puede permitir que personas traumatizadas regresen solas a casa como si nada hubiera pasado, especialmente en este tipo de casos? ¿Por qué nadie, al más alto nivel, ha pensado en vincular sistemáticamente a los profesionales de la justicia con los de la salud a la salida de una comisaría?

SÁBADO, 7 DE NOVIEMBRE DE 2020

Estoy en urgencias psiquiátricas. Una enfermera me pregunta por qué tuve un ataque de nervios el día anterior. Mi cara lo dice todo, tengo los ojos enrojecidos e hinchados por las lágrimas. Le digo en un susurro tembloroso que quiero irme a casa.

—Urgencias, vale, pero no urgencias psiquiátricas.

—De acuerdo, pero primero explíqueme qué fue lo que provocó su traslado aquí.

Me lanzo. Ella se sienta en la silla. Me oigo decirle:

—Sí, este tipo de historias solo ocurren en las películas.

Hablar aumenta mi dolor. No puedo dejar de llorar. Tengo muchas ganas de irme a casa. La enfermera dice que estoy en shock emocional y que no puedo salir en este estado. Primero tengo que ver a un psiquiatra. Me lleva a mi habitación y me tiende un teléfono. Paul contesta.

—Ese ataque es una llamada de atención, Caro. Necesitas ayuda. Vas a tener que tomártelo con calma y descansar.

Entran dos médicos y me ofrecen un «relajante» para abordar mejor la consulta.

Unos minutos después de tomar la pastilla, mi cuerpo se relaja. Mientras les cuento mi historia, siento que todos los miembros me pesan mucho. Sin querer, me coloco del lado izquierdo, como en las dos fotos en las que aparezco. Es terriblemente embarazoso. Me disculpo por estar de costado. Pero no puedo resistirme. Los médicos me dicen que, dado mi extremo agotamiento, lo mejor es permanecer ahí al menos hasta el día siguiente. Oigo y entiendo todo, pero mi campo de visión se estrecha. ¿Es así como se sentía mi madre?

Cuando me despierto, me siento más inquieta aún. La sumisión química no es para mí. Me resulta imposible situarme en el tiempo y en el espacio. No tengo teléfono móvil ni reloj.

Mi lengua es de cartón piedra. Trato de organizar mis pensamientos, pero estoy aturdida. La enfermera entra en la habitación y me dice que me han administrado un potente neuroléptico para que pueda relajarme y descansar. Más tarde me enteraré de que se trata de un tratamiento que se administra para tratar ciertos tipos de esquizofrenia.

—Está usted muy débil y su estado de nervios nos preocupa demasiado como para que pueda marcharse. Quédese al menos una noche aquí con nosotros, y por la mañana podrá consultar con el médico de guardia —me dice la enfermera.

Ni hablar. Si me quedo aquí bloqueada, mi padre aparecerá, me observará, me tocará como si fuera su cosa, me hará fotos, y quién sabe si traerá a hombres. Ni hablar. Intento levantarme, pero estoy atrapada, como encerrada en mi propio cuerpo. Querría ver a mi marido.

—Lo he llamado —precisa la enfermera— y va a venir a traerle algunas cosas para pasar la noche. Vamos a ponerla en una silla de ruedas y la trasladaremos a otra habitación.

El ascensor parece una jaula de acero. Da miedo caminar por ese gran edificio de paredes descoloridas. Oigo gritos. Llantos. Quejas. En mi cabeza desfilan imágenes de la película *Alguien voló sobre el nido del cuco*, protagonizada por Jack Nicholson. Pero no estoy en una película.

Cuando por fin llego a la habitación, me duele el estómago y me corren las lágrimas hasta el cuello. Me piden que me ponga una bata blanca que está encima de la almohada amarilla. Milagrosamente, Paul aparece en el quicio de la puerta. Me invade un arrebato amoroso y quiero lanzarme a sus brazos y gritar su nombre, pero no puedo moverme y tengo la garganta totalmente bloqueada. Me deja el neceser, el pijama y una muda. Intenta tranquilizarme.

—Solo es una noche, Caro. Estoy muy preocupado por ti. Nunca te había visto tan angustiada.

Me dan una comida envasada al vacío. No me entra ni la sopa, que es asquerosa. Solo consigo beber agua.

La enfermera de noche me deja tres pastillas de diferentes colores y me pide que las tome inmediatamente. Me da miedo tomarme las tres pastillas.

Decido tomarme solo una. Paul ve cómo voy sumergiéndome en un sueño artificial. Me besa, me dice que me quiere y sale discretamente de la habitación.

Pienso en mi madre, que no ha venido a verme.

Hacia las dos de la madrugada me despierto sumida en una neblina, todavía bajo los efectos de la píldora. Puedo ver las luces de fuera.

Tengo muchísima sed. El timbre no funciona. Me arrastro hasta la puerta. Al final del pasillo se acerca un hombre fornido de pelo oscuro. Lleva una linterna y un manojo de llaves.

—¿Qué hace levantada a estas horas?

—Necesito agua.

Tras cinco minutos de un diálogo de sordos, me llama loca y me empuja a la habitación. Cierra la puerta de un portazo. El hombre me recuerda más a un guardia de prisiones que a un enfermero. Estoy encarcelada con los locos. Tengo que salir de aquí. Mi supervivencia mental depende de ello.

DOMINGO, 8 DE NOVIEMBRE DE 2020

Por la mañana temprano oigo un sollozo detrás de la puerta. Una mujer grita desesperada. Dura más de una hora. Canturrea en un idioma que no entiendo. Oigo cómo el cabecero de metal de su cama golpea la pared. Llamo a la enfermera.

—Tenemos que esperar a que llegue el médico para poder dormirla. Pero no se preocupe, está atada a la cama.

Estoy indignada. ¿Cómo se puede dejar sufrir así a la gente? ¿Atada a una cama? Como he conseguido recuperar el móvil, le ruego a Paul que venga a buscarme. Me recuerda que primero tengo que convencer al médico de guardia.

Una mujer viene a verme al final de la mañana. Habla en voz baja, con mirada inquisitiva. Examina mis gestos, comprueba mi elocución. ¿Tengo pensamientos suicidas? ¿Cómo contemplo mi salida fuera de los muros del hospital?

—Quiero salir. Buscaré ayuda, pero no así.

Entonces me sugiere un tratamiento con medicamentos. No quiero ni oír hablar de tomar pastillas. Le explico que la sumisión química está directamente relacionada con el trauma que me ha conducido hasta ahí. No quiero estar sometida.

Eso es precisamente lo que ha arruinado nuestra vida. La médica insiste, me receta antidepresivos y somníferos y me recomienda un seguimiento psiquiátrico de urgencia en la ciudad. No intento negociar. Simplemente acepto. Mi único objetivo es salir de este lugar.

Cuando vuelvo a encontrarme sola, decido llamar a mi prima, la médica de cabecera, que vive en provincias. Está al tanto del drama que estamos viviendo.

—Sabes cuánto te quiero, Caro. Estás pasando por un shock terrible, has vivido varios días en un estado de angustia psicológica aguda, ahora debes ser menos exigente contigo misma. Necesitas una pequeña muleta, confía en mí.

Comprende mis temores y se ofrece a prescribirme una medicación sin riesgo de adicción. También habla de tomar un antihistamínico para relajarme si me estreso. Mi prima me dice que es vital gestionar las emociones y los trastornos en los primeros días después de un trauma así.

Confío plenamente en ella. La quiero como a una hermana, así que la escucho atentamente y le cuento lo de los somníferos que me ha recetado la psiquiatra.

Me aconseja que tome al menos uno esta noche. Está decidido, de momento será mi prima la que supervise el seguimiento en esta primera etapa. ¿Cómo se las arreglan las mujeres que no tienen tanta suerte? Si el sistema médico, que, se supone, debe prestar apoyo durante un proceso judicial, es tan calamitoso, ¿cómo podemos esperar recuperar la salud?

Luego llamo a mi amiga de la infancia, Marion. Necesito ver qué me dice ella. Paul le ha contado lo de mi aterrizaje forzoso en el hospital. Las primeras palabras que nos dedica a mi madre y a mí me hacen mucho bien. Nos echamos a llorar a la vez. Lloramos juntas casi veinte minutos. Luego le pido que se lo explique a nuestro círculo más cercano porque yo no tengo valor para hacerlo. Tampoco tengo energía para informar a mis otras dos amigas de la infancia, mis amigas imprescindibles desde hace más de treinta años.

Cuando Paul cruza el umbral del dormitorio, yo ya estoy preparada. Sentada en la cama, miro por la ventana. Pienso en mi madre. ¿Por qué no ha venido a verme? ¿Dónde está?

—Se ha instalado en casa de Florian. Nos dejó ayer por la tarde. Piensa, como su psicóloga, que las dos estáis muy afectadas y que no podéis vivir juntas de momento.

Esa decisión me hace mucho daño. Me siento abandonada. No me encontraré con mi madre cuando vuelva. Me escuecen los ojos, las lágrimas brotan de nuevo.

Por fin, en mi casa. Estoy deseando ver a mi hijo, que se ha ido a jugar a casa de un amigo. Pero Paul lo ha arreglado para que Tom se quede a dormir allí esta noche. Necesito dormir sin restricciones.

En la ducha todavía noto el olor a lejía de las sábanas del hospital.

Cuando me reencuentro con Tom, vamos a tomar el aire, a dar un paseo y sentir el viento.

Por unos minutos, siento cierto alivio. Durante el paseo, Tom no me hace ninguna pregunta. Sabe que estaba en el hospital. Me dice que habría preferido que su abu se quedara con nosotros. Ya la echa de menos. ¡Y yo!

Intento que no se note mi estado de ánimo. Ni tristeza ni resentimiento. No decir nada, no comentar nada. Paso el resto de la tarde pegada a él. Le leo cuentos, lo baño e incluso cenamos los tres, a pesar de mi total falta de apetito. Luego Paul va a dejar a Tom otra vez a casa de su amigo.

Cuando se van, vuelve la angustia.

Me doy cuenta de que Paul tendrá que irse a trabajar por la noche, debido a los turnos. Estaré sola. Ahora soy yo, como antes mi madre, la que vuelve a ser una niña.

A las 21.00 horas tomo un comprimido de Variargil. Y no pasa nada. Estoy tan tensa, tan crispada ante la idea de relajarme, de convertirme en presa, que el medicamento no hace ningún efecto. A las 23.30, Paul se acuesta y yo sigo sin dormir. Me nota intranquila. Él está tan inquieto como yo, pero por razones diferentes. Teme un suicidio.

Me aportaste un terror nuevo, el terror a dormir sola. Me robaste el sueño sin miedo. Tenía paz, tú la destruiste.

Tomo otra pastilla hacia la una de la madrugada. Tarda un poco en hacer efecto, pero acabo por dormirme. Oigo vagamente a Paul, que se levanta a las dos para irse.

En el camino, a las 3.18 de la madrugada, envía un primer mensaje a mi amiga Marion: «SOS. Llámame. Por favor, ven cuanto antes». Luego, un segundo mensaje a las 6.34 de la mañana: «Caro tiene mucha ansiedad y no es muy receptiva a los medicamentos que deberían dormirla. Parecen ineficaces. Eso es lo que me angustia. Saber que está sola mientras yo estoy en el despacho es una tortura. Me siento terriblemente culpable, pero no podía imaginar que no durmiera y yo no podía cambiar el turno en mitad de la noche... Si la llamas y salta el contestador, no te preocupes, ha puesto el teléfono en modo avión. Le he dejado un mensaje en la mesilla de noche, que me llamara enseguida si no se encontraba bien. Un beso».

Hacia las cuatro me despierto sudando. Como si mi cuerpo rechazara todas las sustancias que ha ingerido en el hospital. Vuelvo a sentir miedo ante la idea de dormir sola. Casi tengo miedo de mí misma. De mis sensaciones. De las imágenes que pudieran asaltarme.

Intento razonar conmigo misma.

Hasta las seis de la mañana, cuando distingo las primeras luces del día, no consigo volver a dormirme.

LUNES, 9 DE NOVIEMBRE DE 2020

A las nueve abro los ojos. Nada más despertarme me entran ganas de llorar. Me tomo un café tras otro. Hacia las diez arreglo un poco la casa, solo para mantenerme activa. Al menos mi cuerpo y mi mente están ocupados con una tarea sin interés.

Mientras tanto no pienso. Ni siquiera oigo a Paul cuando vuelve. Ni a Marion al tocar el timbre. Ella entra corriendo en la habitación de invitados, que estoy ordenando, me sobresalto y me derrumbo en sus brazos. Ante mi naufragio, se ofrece a venir a vivir conmigo. Dejaría de tener miedo y podría dormir tranquila.

Ese primer día a su lado se perfila menos caótico que los anteriores. Y, sin embargo, echo de menos a mi madre.

De hecho, esa misma mañana mi prima me llama con los resultados de sus pruebas. Ninguna serología positiva de VIH o de hepatitis C.

Sin embargo, ha contraído cuatro ETS, incluido el virus del papiloma humano, que puede desencadenar cáncer de cuello de útero. Por lo tanto, tendrá que someterse a revisiones preventivas anuales. Es un mal menor si pensamos en los cientos de violaciones que sufrió mi madre en los últimos diez años. La última se produjo el 22 de octubre de 2020. Así que tendremos que repetir las pruebas a los tres meses y luego a los seis meses para quedarnos tranquilos.

Mi prima decide administrarle antibióticos y optar por un seguimiento ginecológico continuado. Hasta el 19 de diciembre no recibirán a mi madre en la Unidad Médico-Legal de Versalles para someterse a una serie de análisis que servirán para documentar una evaluación médica y ginecológica completa.

En verano me despertabas temprano por la mañana. Íbamos a pedalear por las carreteras vecinales del Vaucluse. Tu voz en las subidas: «¡No te rindas, vamos, hija mía! ¡Fuerza!». Tu alegría al llegar al Col de la Madeleine, entre Bédoin y Malaucène, y yo, cuando te alcanzaba, echando pie a tierra. Contemplábamos juntos y en silencio el paisaje grandioso.

Marion se ocupa de mí los días siguientes. Y, sin embargo, dedicar tiempo a cocinar, correr, leer, ver una película, escuchar música sin derramar una lágrima, todo eso era *antes*. Aquella Caroline era la hija de su padre.

Por la mañana insisto en llevar a Tom al colegio. Sé que deberé tener una charla con él.

He sido víctima de las peores mentiras, y no quiero que eso se repita con mi hijo. Quiero que sepa dónde se encuentra su abuelo. De todos modos, tarde o temprano se enterará. Sus primos, que solo son un poco mayores que él, ya están al corriente, así que más me vale adelantarme.

MIÉRCOLES, 11 DE NOVIEMBRE DE 2020

Como me fijo mucho en las señales de la vida, este día, fecha del Armisticio, lo veo como una forma de ironía. Mi vida es un campo de batalla abandonado por las dos personas que desde siempre más me han importado: mis padres.

Estamos sentados en el sofá del salón. Tom está dispuesto a escuchar. Sus dos ojitos marrones me miran fijamente. Espera pacientemente, deja que me acerque, con las manos cruzadas en el regazo.

—Sabes que estamos atravesando una situación complicada desde que volvimos con abu. Te habrás dado cuenta de que llevo unos días triste por culpa del abuelo, y voy a hacer todo lo posible para ponerme mejor. Pero resulta que el abuelo ha hecho algo muy grave, Tom. Ha mentido y ha hecho daño a abu.

—Daño a la abuela, pero ¿cómo?

—No la respetó como debía y tampoco respetó la ley. Cuando eres malo y malintencionado con alguien, te castigan.

—Pero, mamá, nunca he visto al abuelo hacerle daño a abu, ¡ni a nadie más!

—Lo sé, Tom, yo tampoco. Y, sin embargo, por eso precisamente está ahora en la cárcel.

—¿A qué se parece una cárcel?

—Es como una casa grande, triste, de varios pisos, llena de habitaciones pequeñas, con una sola ventana y sin jardín. Las puertas están cerradas.

—¿Puedo ir a ver al abuelo a la cárcel? ¿O enviarle dibujos?

—No.

—Pero si ya no puedes ver a tu padre, vas a echarlo de menos, así que, ¿qué vas a hacer?

—Ahora mismo, estoy decepcionada y muy enfadada por su culpa. No quiero saber nada de él. Probablemente sea lo mejor.

Leo la incomprensión en su rostro, una mezcla de malestar, melancolía y rencor. Estoy disgustada, pero me contengo para no llorar. Por fin levanta la cabeza.

—Necesito estar solo, mamá. Quiero ir a mi habitación y pensar.

Respeto su deseo de unos minutos de aislamiento —que me parecen una eternidad— antes de reunirme con él. Me encuentro a Tom tumbado en su cama, con los ojos llenos de lágrimas mirando al techo. Llora en silencio, como un adulto.

Culpo aún más a mi padre por haberlo hecho pasar por esto. Entonces me doy cuenta de que, cuando el equilibrio de una familia se ve sacudido hasta el fondo, no solo daña a la víctima directa, sino también a todas las personas que gravitan a su alrededor.

—Mamá, no lo entiendo. Nunca he visto al abuelo portarse mal, y menos aún pelearse con abu. Hay algo que no cuadra en esta historia —solloza Tom con voz temblorosa.

Le propongo que hablemos con un doctor que sepa escuchar a los niños.

No dejaré que transmitas tu perversidad como herencia. No dejaré que le hagas daño. Protegeré a mi hijo de ti. No, el crimen no se transmite. También pienso en mis dos hermanos, hombres para los que deberías haber sido un modelo intocable. Nos has sacrificado a todos, nos has mancillado a todos. Te detesto.

Eras demasiado débil, aceptaste un terreno familiar malsano. Mira a tu propio padre, Denis, autoritario, alto, imponente. Sus manos, enormes, daban miedo. Vestía vaqueros, una cazadora de cuero y un pendiente. Me avergonzaba ese abuelo. Era imposible discutir con él. Siempre tenía razón e imponía sus puntos de vista sin cuestionarse nunca. Despreciaba a las mujeres y a menudo las humillaba. Las consideraba poco inteligentes, solo aptas para las tareas domésticas. «Y para ser violadas», podrías haber añadido.

Cuando yo tenía diez años, tu padre hizo un comentario despectivo sobre mis rodillas, que le parecían feas. Pero no fue su comentario lo que me hizo sentir más incómoda. Fue cómo me miraba las rodillas.

Y ya que hablo de desenterrar las cloacas familiares: unos meses después de la muerte de tu madre, ¿qué hizo el pervertido de tu padre? Tomó como compañera a una niña que habían criado, Lucile. Una relación inapropiada, que podría describirse como incestuosa, con una persona vulnerable.

Realmente, te has llevado lo peor de tu padre.

Lucile tenía treinta años menos que Denis. Era una niña de la DDASS (Dirección Departamental de los Asuntos Sanitarios y Sociales), asignada a vivir con mis abuelos, que entonces eran padres de acogida. Los malos tratos que sufrió y la falta de afecto en sus primeros años quizá expliquen su discapacidad mental.

Denis la hizo su mujer una vez enterrada mi abuela. Ella se ocupaba de la casa. Devolver los libros a la biblioteca del pueblo o ir a comprar los cigarrillos Gauloises negros de Denis eran sus únicas salidas semanales.

Mi padre y sus hermanos se opusieron a esa relación. Pero todos habían quedado marcados por las últimas palabras de su madre en su lecho de muerte. Ella pidió a sus hijos que apoyaran a su padre, por quien sentía un amor incondicional. Dominación, ya entonces. Mi padre tuvo una buena escuela.

Así que mi padre aceptó dicha unión, que era, cuando menos, tóxica. Se distanció de Denis, terminó por dejar de verlo. El mismo caso que el mío. El patrón se repite: mi padre cortó toda relación con su padre, yo la he cortado con el mío.

Pero antes de eso, entre los siete y los once años, mis padres me enviaban de vacaciones a Châtillon-sur-Indre, para quedarme con ese abuelo, emparejado con la mujer a la que había criado...

Recuerdo a Lucile, siempre en bata, tan vieja a pesar de sus veinticinco años. Apenas sabía escribir. No podía cambiar de canal de televisión ni de emisora de radio sin el permiso de Denis. Doblaba la ropa, fregaba los platos y limpiaba la casa. En la mesa, David la imitaba, burlándose de su meticulosidad mientras les quitaba el polvo a los muebles que ya había limpiado el día anterior. Pero la verdad es que Lucile me conmovía. Vivía apartada, lejos en su mente, lejos de los jóvenes de su edad, prisionera de un padre sustituto que la había convertido en su esposa. Descansaba en el columpio del jardín, donde, con la mirada perdida, se arrancaba el pelo a puñados (más tarde supe que aquello se denomina *tricotilomanía*).

Nunca entendí por qué mis padres me mandaban allí de vacaciones, ni siquiera con David a modo de escudo. Pero hacia los once años, cuando mi madre por fin me preguntó si quería seguir pasando allí unas semanas en verano, me negué. Denis murió en 2004, pero nunca lo eché de menos.

Tenía cuarenta años cuando me enteré de que Lucile acababa de ingresar en un hospital psiquiátrico. Había sufrido varios ataques de demencia y descompensaciones psicóticas. Todos aquellos recuerdos de la infancia me volvieron como un bumerán. Vi de nuevo las clases de conducir que Denis se empeñaba en darle a Lucile en su Citroën C15 beige. Yo, aún una niña, sentada en la parte de atrás, presenciaba cínicas y brutales sesiones de humillación que terminaban con Lucile llorando. Y seguía preguntándome por qué mis padres nos enviaban allí de vacaciones. Y por qué no habían hecho nada para alejar a Lucile de aquel ambiente nefasto.

En mi ingenuidad, siempre te vi como el superviviente de un legado familiar desastroso. La verdad es más simple. Nunca te atreviste a enfrentarte a tu padre. Fuiste cobarde y egoísta. Si hubieras tenido ese coraje, habrías preservado a mamá. Y a nuestra familia.

Los días siguientes son duros. Me siento encerrada en casa. Pero no estoy deprimida ni soy presunta culpable. Solo me encuentro desbordada. Por encima de todo, no quiero convertirme en una madre superada por las circunstancias. Quiero que Tom me vea digna, fuerte y combativa.

Quiero que siga estando orgulloso de sus padres.

MIÉRCOLES, 18 DE NOVIEMBRE DE 2020

Llevo quince días de baja y la inactividad no me sienta bien. Afortunadamente, he elegido la escritura como forma de liberarme un poco. Anoto todas mis emociones en un cuaderno. Me ayuda a distanciarme. Escribir es mi tabla de salvación, mi terapia para ayudarme a superar este trauma.

Ya va siendo hora de que vuelva al despacho. Al menos así no estaré dándole vueltas a lo de mi padre. En cualquier caso, no tendré las respuestas hasta el final de la instrucción. He sabido que mi padre está siendo investigado por violación con agravantes, violación en grupo, administración de sustancias nocivas, vulneración de la intimidad mediante fijación, grabación o transmisión de la imagen de carácter sexual de una persona. La policía está identificando a más de sesenta agresores: el objetivo es detenerlos de madrugada en sus domicilios.

Entonces, ¿por qué emponzoñarme la vida? El juicio tendrá lugar a su debido tiempo, pero probablemente no antes de 2024. Cuando llegue ese día, estaré lista para enfrentarme a él y a todos los demás agresores de mamá. Para entonces, seguro que ella también será más fuerte.

Quiero pensar que a los sesenta y ocho años todo sigue siendo posible. La echo mucho de menos.

LUNES, 23 DE NOVIEMBRE DE 2020

Me siento feliz al llegar a la sede de mi empresa. ¡He vuelto a nacer! No cuento nada de mis problemas personales. Saboreo el reencuentro con los miembros de mi equipo. Siento que estoy donde debo estar: es como un soplo de aire fresco.

Ese día, la dirección me propone la oportunidad de cambiar de puesto de trabajo por un desafío completamente distinto. No me lo esperaba, yo que buscaba renovarme. ¡Qué alivio sentir ese deseo de recuperación! Hasta el momento en que me doy cuenta, a mi pesar, de que esta energía me viene de mi padre. Con frecuencia lo he visto luchar para lanzar un nuevo proyecto, para plantearse un nuevo reto después de un fracaso, volver a empezar.

MARTES, 24 DE NOVIEMBRE DE 2020

Cuando salgo de la oficina, antes del toque de queda de las seis de la tarde, me siento orgullosa de mí misma. Ha sido un buen día. Las ideas y los proyectos se agolpan en mi cabeza. Mi mente vuelve a funcionar. A Paul le va a encantar verme así.

En el coche llamo a mi madre para compartir con ella mi buen humor. De repente, una frase cortante se me clava mientras conduzco.

—Tu padre no está bien donde está. Lo está pasando mal, ¿sabes?, quizá haya hecho yo algo mal estos últimos años.

Espero haber oído mal. Pero no. OK, me digo, empatía con el verdugo. Síndrome de Estocolmo. Mi enfado es perceptible. Mamá cuelga.

Cuando llego a casa, tengo un mal presentimiento.

Se lo cuento a Paul enseguida. Me dice que David lo ha llamado por una carta que mi padre ha mandado a Sylvie y a su marido, amigos de mamá, desde la cárcel de Le Pontet. La carta se ha enviado a través de un compañero de prisión, es decir, ilegalmente. En resumen, se ha saltado el sistema para ponerse en contacto con su víctima, su mujer. Mi madre ha descubierto la carta esta mañana y, como Florian, está desolada. Porque «en esa carta nos pide que no lo abandonemos y que lo ayudemos materialmente», explica David.

Me invade la rabia. Su ingenuidad es atroz. Es obvio que aún no entienden con quién estamos tratando. ¿Y por qué mi madre no me ha dicho nada de esa carta al teléfono? ¿A quién intenta proteger exactamente? Resumiendo, mi madre sabe lo de mis fotos desnuda y no ha manifestado un apoyo incondicional; no me acompañó al hospital psiquiátrico y ahora me oculta la existencia de esa carta. Es como si se pusiera del lado de su marido libertino. Por culpa de mi padre, estoy perdiendo a mi madre.

Estoy fuera de mí. Convencida de que mi padre no está pidiendo ayuda, sino que está intentando manipular a su familia una vez más, como siempre ha hecho. Mantiene su dominación, incluso de lejos, incluso cuando está encerrado. Mi madre y Florian, muy afectados, caen en la trampa, mientras David y yo mantenemos la cabeza fría.

Furiosa, llamo a mi madre. Conecta el altavoz para que Florian lo oiga.

—Caroline, hemos decidido preservarte hasta la reunión con la abogada. Pero David, obviamente, no ha respetado nuestro pacto.

—¿Qué pacto? ¿De qué demonios estás hablando? ¿Qué pretendes hacer con esa carta?

—No voy a hacer nada, no va dirigida a mí. Se la envió a Sylvie —responde secamente.

Mi madre intenta contener las lágrimas. Esto multiplica mi odio contra mi padre. Continúa divirtiéndose con su marioneta.

Mi padre la ha trastornado con una sola carta. Es preciso que mi madre se dé cuenta de la influencia que sigue teniendo sobre ella. Replica que es lo suficientemente mayor como para pensar por sí misma. No puedo evitarlo, me pongo agresiva.

Cuando le pido que me transmita la carta, se niega.

Le cuelgo. Este nuevo episodio es un terremoto. También estoy enfadada con Florian por no hacerla entrar en razón, máxime estando con ella. Cuando les pido que me reenvíen la carta para mandársela a nuestra abogada, ambos echan balones fuera.

No hay problema, me pongo en contacto con Sylvie. Le doy a entender por qué es absolutamente imperativo incluir dicha información en el expediente. Es un intento de manipulación, y debería llegar a manos de la jueza de instrucción. Sobre todo, porque la carta es totalmente ilegal, porque no está sellada por la administración penitenciaria. Sylvie se da cuenta de la gravedad del asunto y me envía por correo electrónico una copia de la carta. Al leerla me exaspero aún más. Todos los ingredientes de su maquiavélica personalidad están ahí ante mí, como si los descubriera por primera vez.

Se hace pasar por víctima, pide clemencia y, por supuesto, suplica una ayuda económica. Me quedo horrorizada. Reproduzco aquí la carta en cuestión:

> Amigos míos, sé que os he decepcionado, pero sois mi único vínculo con el mundo exterior, porque no tengo derecho a contactar con mi familia, a la que echo muchísimo de menos. Aparte de la angustia, el miedo, el vacío y la soledad, esto es horrible. Sé que estoy aquí para pagar por lo que les hice al amor de mi vida, a mi familia y a mis amigos, pero ya es demasiado tarde. No sé adónde voy ni cómo va a acabar esto. Acudo a vosotros en nombre de la amistad pasada porque necesito recuperar las cosas que tuve que entregar cuando ingresé en prisión: [mi chaquetón marrón claro, la chaqueta gris Adidas, mis zapatillas Nike, el jersey de lana gris, un cinturón sin hebilla grande (se me caen los dos pantalones)...]. La ropa tendréis que dejarla en la entra-

da, pero no traigáis nada más que lo que os he pedido, eso si aún sentís algo de amistad por mí...

Os pido que seáis indulgentes, voy a estar mucho tiempo en la cárcel y tengo muchas preguntas, sobre todo, qué va a pasar con la casa y todo lo demás. Lo peor de este lugar es el aburrimiento, solo salimos una hora al día a pasear y estamos dos por celda. Es bastante duro para mí, sé el daño que he hecho a quien más quiero en el mundo y a la que voy a perder sin recuperarme nunca de ello, a mi familia, a mis nietos, como si los hubiera abandonado. No puedo dormir por las noches, estoy adelgazando, pero seguramente es lo que me merezco. Os extraño a todos, estoy avergonzado, y si contactáis con ellos, decidles que les pido perdón, especialmente a mi amor, que era toda mi memoria. También me gustaría tener las fechas de nacimiento de todos mis nietos para no perder pie. Cuando pienso que nunca podré ver a mi nieto, el hijo de Florian, que nacerá a principios de año, es duro, muy duro...

El final de año se anuncia muy triste para mí, pero espero que mi amor lo supere, eso es lo que deseo. La quiero mucho, y aquí me doy cuenta aún más, aunque ella haya pedido el divorcio. Seguirá siendo mi amor eterno, es una santa que no supe conservar. Y si pudierais enviarme por correo las direcciones de Caroline, David y Florian, no las tengo en la cabeza. Es una

locura esta sensación de estar aislado del mundo...
Y sus teléfonos, para más adelante.

Todo suena falso. David también está convencido. Esta carta revela nuestro desorden familiar. Nuestro padre es muy fuerte, incluso consigue dividirnos en un momento en que deberíamos estar unidos. Lo encuentro lamentable, cobarde, indiferente a nuestro calvario. Todo gira en torno a él, a sus necesidades y a su pequeña persona. El resto es igual de patético: «Si habláis por teléfono, decidle que la quiero».

No me sorprende. Cae metódicamente en el melodrama y el patetismo.

Voy a enviar esta primera carta a nuestra abogada, para que la transmita a la jueza encargada de la instrucción.

VIERNES, 27 DE NOVIEMBRE DE 2020

Hace tres días que no hablo con mi madre, ni siquiera con Florian. Desde la distancia, mi padre ha trazado una línea, ha creado dos bandos en la familia.

Nuestra abogada, Caty, acaba de recibir los primeros documentos clasificados del expediente. La parte civil ya puede acceder a ellos y consultarlos. Incluyen todas las declaraciones realizadas por mi padre desde que fue detenido el 2 de noviembre. En total, varios cientos de folios que llenan tres carpetas enteras. Tengo que ir al despacho de la abogada. Mi madre prefiere tener este primer intercambio a distancia. Es una triste coincidencia que mi padre cumpla hoy sesenta y ocho años.

Esta primera etapa va a ser tormentosa. Me estoy preparando para ello.

Paul me acompaña. En el pasillo del despacho de tarima antigua, enseguida me siento en confianza. El equipo de Caty está formado en su mayoría por mujeres, lo que me hace sentir aún más a gusto. En este momento de mi vida, veo a los hombres como una amenaza, capaces de triturar comprimidos durante años para abusar de sus víctimas. Su presencia me provoca ansiedad e incomodidad.

Caty ya está al teléfono con mi madre. Me informa de que ha empezado a leer los documentos de todos los interrogatorios a los que ha sido sometido mi padre desde su detención. Es preferible que estemos ambas presentes en esta entrevista.

La primera lectura dura casi cuarenta y cinco minutos. Hace hincapié en que mi padre es un mentiroso. Cuando el policía pregunta:

—¿Recuerda haber ido a casa de un tal @XXX, que vive en Y, para abusar de su pareja?

Mi padre responde:

—No recuerdo el lugar, es que, ¿sabe usted?, nos habíamos citado por la noche en un caminito de tierra y me vendó los ojos antes de llevarme a su casa...

—¿Abusó de su pareja aquella noche?

—Ahora que lo dice, me viene a la memoria, recuerdo que aquella noche me limité a quedarme fuera de la casa, en el jardín, porque las pastillas no habían hecho efecto.

Mi padre solo revela una ínfima parte de la verdad, y únicamente cuando está acorralado. Pero eso no es todo, estoy a punto de descubrir una faceta totalmente nueva de su personalidad. Emplea un lenguaje grosero, degradante y humillante cuando habla de mi madre. Los agresores también utilizan un lenguaje vulgar. En los vídeos, en los mensajes interceptados que enviaba a través de la página de citas o por SMS, sus palabras eran soeces y degradantes. Mi madre, ofendida, finalmente termina por manifestarse:

—Perdone, señoría, pero no quiero que Caroline se entere de todo lo que hay en mi expediente. Solo me concierne a mí y, sobre todo, forma parte de mi intimidad.

Caty le explica entonces con la mayor delicadeza posible que yo me he constituido en parte civil y que, a partir de ese momento, tengo derecho legal a consultarlo todo, con o sin su consentimiento. A través de ella o de cualquier otro abogado que decida elegir, está claro que no le voy a dar a elegir. Sé que quiere protegerme, pero yo quiero saber quién es ese padre violador. Quién es ese marido que parecía poner a su mujer por las nubes y que, sin embargo, utiliza un lenguaje atroz para hablar de ella.

A la sombra de la morera, con un vaso de pastís en la mano, me miras con ojos risueños, es el comienzo de las vacaciones. Te interesas por mis planes, me preguntas por mi trabajo. Luego vas a ocuparte de la piscina, pones música y bailas con tus nietos, todos encantados.

Caty continúa leyendo los documentos del expediente. Se trata de varios tipos de actas que suelen aparecer en los casos penales: registros, audiciones, incautaciones, etcétera. Los detalles son sórdidos.

Lee los mensajes que mi padre sube a los foros para planear las noches de violación de mi madre.

Presume de la eficacia de su cóctel de ansiolíticos. Describe orgulloso el manual de instrucciones, especificando las dosis exactas que hay que tomar y el número de comprimidos de Temesta que hay que diluir en la comida o el alcohol. Precisa que, si la mujer fuma, eso puede alterar los efectos de la dosis, pero que, mezclado con alcohol, los resultados son aún más convincentes. No puedo dejar de pensar en las fotos que me hizo. Soy fumadora ocasional, sobre todo en el aperitivo, lo que no es el caso de mi madre. Así que estoy segura de que también estuvo probando sus cócteles ansiolíticos conmigo.

Se enorgullece de ver a mi madre caer durante horas en un estado próximo al coma: «La última vez no forcé lo suficiente la dosis, pero ahora ya lo tengo todo controlado, listo para probar».

A lo largo de sus conversaciones comprendo que

no solo fue en varias ocasiones a casa de los agresores para abusar de sus parejas, o al menos con la intención de hacerlo, sino también a casa de individuos que practicaban el triolismo con sus parejas para aprovecharse a su vez de ellas. Evoca una secuencia en un campamento naturista al que acudió solo a reunirse con una pareja consentidora.

Otra de sus conversaciones revela una «operación fallida», es decir, un intento de violación. Relata la noche en que entró en el dormitorio de una desconocida. Ella encendió la luz. La mujer sospechaba claramente que su compañero tramaba algo. Evitó beberse el vaso que le había servido. Como un «conejo paralizado ante los faros de un coche», mi padre se permite incluso bromear después de huir: «Joder, me vi ridículo, con los pantalones ya medio bajados, y, zas, se enciende la luz y ella ahí de pie». Culpa a su anfitrión por su falta de vigilancia y lo acusa de haberle fastidiado el plan.

No quiere que lo descubran, lo que demuestra que en ese momento mi padre es plenamente consciente de la gravedad de sus actos. De hecho, le pide al individuo en cuestión que borre todo rastro de sus conversaciones.

Estoy fuera de mí. ¿Exactamente a cuántas mujeres violó mi padre? Esta pregunta me produce vértigo.

En Córcega, en una pequeña lancha motora, con el mar muy agitado. Me pides que no pierda los nervios. Me tranquilizas. Mi miedo desaparece. Consigo maniobrar el barco a tu lado.

La abogada menciona entonces otro intercambio de palabras con un agresor en su casa, para violar allí a su mujer. Él especifica claramente, y en estos términos, que, si hay niños en la casa, hay que «inyectarles en la cena».

Un viento helado me invade. Interrogo a Caty con la mirada: me dice que no se sabe si finalmente fue a aquella casa.

En sus conversaciones también habla de sus fantasías morbosas. Evalúa la motivación de las personas con las que habla por internet. Su *modus operandi* es siempre el mismo: entra en el sitio web de citas Coco.gg. Es la primera etapa, antes de pasar a la acción, es decir, hacer que acudan a su casa. Les pregunta si, como a él, les gusta el «modo violación» y el tipo de práctica sexual que buscan.

Para animarlos a venir y pasar al acto, publica fotos de mi madre, en la mayoría de ellas inconsciente y en poses sugerentes, en un foro privado titulado «Sin que lo sepa». La viste como una prostituta de baja estofa. Las puestas en escena funcionan. Casi todos los agresores viven en la región del Vaucluse y la mayoría están relativamente cerca de la casa de mis padres, pero no eran los únicos. Toma fotografías y les envía croquis de cómo llegar a la casa a pie. A veces, al final del recorrido, los guía con mensajes desde el móvil.

Para no llamar la atención de los vecinos, todos los vehículos tienen que estacionar en el parking del gimnasio cercano. A menudo acuden solos, pero otras veces llegan en grupo. Les especifica que no deben fumar ni perfumarse antes de venir. Tienen que dejar el teléfono móvil en el coche para no despertar a mi madre si llegara a sonar.

Les impone que se desnuden previamente en la cocina y que dejen la ropa en el porche por si deben huir de forma precipitada. Les exige que se laven las manos con agua caliente para evitar cualquier microdespertar de mi madre a causa del frío por la noche. También les sugiere ver violaciones previas para fomentar la excitación y validar el consentimiento del agresor o los agresores. Les recuerda que el silencio total o los susurros son obligatorios, una vez que entren en el dormitorio conyugal, caldeado en exceso.

Luego, los inspectores lo interrogan sobre qué sabían los visitantes acerca del grado de sumisión química de mi madre en aquellos momentos. Cuando constatan que está inconsciente, eso no parece detenerlos, más bien todo lo contrario.

Mi padre afirma que siempre los informó del estado en que se encontraba mi madre. Luego le preguntan por su atracción sexual hacia su propia hija. Elude la cuestión y lo niega todo. Cuando le enseñan las dos fotos mías desvestida e inconsciente, finge no recordarlas y que no significan nada para él. Pero me reconoce: «Sí, es mi hija, pero no me dice nada; además, como pueden ver, es demasiado joven para lo que suelo practicar, no es mi estilo en absoluto, solo tienen que compararlas con las otras fotos que han encontrado en mi equipo». Finalmente declara: «Nunca he tocado a mi hija».

Mi rabia es infinita. Al otro lado del teléfono, mi madre no parece haber comprendido la enormidad de lo declarado por el hombre del que dice que es un buen marido y un buen padre. Como esta primera lectura ha durado varias horas, ya es casi de noche. Estoy convencida de que no lo sabemos todo. En ese momento me doy cuenta de que mi madre y yo probablemente nunca podremos comprender de la misma forma ni al personaje ni sus actos. Me da la impresión de que ella se ha parapetado en una forma de negación, un mecanismo de protección que podría hacerme perder los estribos si se encontrara cara a cara conmigo. Tengo que parar por hoy. Estoy agotada y me está empezando a doler mucho la cabeza.

JUEVES, 10 DE DICIEMBRE DE 2020

Al final del día me citan para ir a ver al perito psiquiatra designado por la jueza de instrucción. El objetivo es evaluar mi estado psicológico desde que se conocieron los hechos. Son casi las siete de la tarde y hace mucho frío.

Voy sola a la consulta en un edificio de los años ochenta, que parece más un piso que una consulta.

No mc sicnto muy serena. Me da miedo hablar de mi historia con un desconocido, un hombre, además. Lo he estado temiendo desde el día en que recibí la citación hace unas semanas. Sigo sintiéndome frágil.

En la sala de espera, máscaras africanas y algunas fotos de viajes. Luego aparece un hombre con el pelo blanco, de aspecto elegante, con un traje oscuro. Me invita a pasar a su pequeño despacho.

Escudriño cada rincón de ese espacio reducido. No hay salida.

Estoy frente a una gran biblioteca llena de libros sobre ciencias del comportamiento y psiquiatría.

Él empieza por un largo silencio, observándome atentamente. No muevo ni una pestaña.

—Esta entrevista se desarrollará en varias fases. En primer lugar, me gustaría que me hablara de su infancia y su adolescencia, y después de su vida como mujer de *antes* y de ahora. Y sobre el lugar que ocupaba su padre en el paisaje familiar. A continuación pasaremos a una serie de cuestionarios de respuestas múltiples para que yo pueda evaluar la naturaleza y la profundidad de su trauma. Y, por supuesto, si se ha visto afectada en su vida cotidiana.

Me mantengo erguida. Mis palabras fluyen con facilidad.

—Soy la segunda de tres hermanos, en medio de dos varones.

»Estudié una carrera superior. Siempre he trabajado duro para conseguir lo que quería. Probablemente porque mis propios padres se habían encontrado en una situación precaria en ciertos momentos de su vida. Mis padres no consiguieron mantenerme realmente al margen de sus propios problemas matrimoniales ni de los relacionados con su situación financiera, habitualmente inestable. Supe muy pronto lo que significaba "enfrentarse a un problema importante". No tenía ni nueve años cuando presencié una escena de violencia doméstica. Vi cómo mi padre levantaba a mi madre por el cuello de la camisa con ambas manos. Ella estaba pegada a la pared del cuarto de baño, con los pies a unos centímetros del suelo. En esa época, creo que mi madre quería dejarlo. De hecho, eso fue lo que hizo, poco después de una escena similar.

»Tenía casi quince años cuando, un día, al volver del colegio para comer, un agente de policía acompañado de un ujier y de una horda de personal de mudanzas irrumpieron en nuestra casa para llevarse todos los muebles del salón.

»Mi padre llevaba varios días preparándose. Había guardado a buen recaudo algunos aparatos que consideraba imprescindibles, como el equipo de música y el televisor del salón. Recuerdo haber insultado a aquellos pobres hombres de la mudanza en su camión. Ese día me enfadé mucho con mi padre. Mi madre llegó más tarde, a una casa casi vacía. Todavía puedo verla, con el semblante lívido, yendo y viniendo por el salón, llorando como una niña pequeña. Yo también quería llorar, pensaba en la cómoda de mármol y madera noble que mi abuelo materno había legado a su hija. El mueble había estado en nuestro salón desde que nací, y para mí era el único rastro de mi difunto abuelo. Lo quería mucho. Era un autodidacta que había hecho carrera en el ejército. A pesar de los golpes de la vida y de su frágil salud, era ambicioso, riguroso e intransigente. Sobre todo, era un hombre muy generoso. Y el único recuerdo de este abuelo acabó en una subasta, como una baratija.

»Unos meses después, la Nochebuena se celebró en nuestro salón, con muebles de jardín de plástico. Pero eso no impidió que mi padre le regalara a mi madre un anillo de oro engastado con piedras semipreciosas. Era una especie de compensación. Se comportaba como un adolescente pillado en falta. Mi madre le pidió entonces que devolviera el anillo y recuperara el dinero.

Una vez que me lanzo, no puedo parar de hablar.

—En la misma línea, unos años más tarde descubrí que mi padre había echado mano de mis ahorros, procedentes de mis trabajos de verano, sin decírmelo siquiera. Según él, era legítimo y me lo devolvería a su debido tiempo. Muy pronto hice comparaciones con otras familias y me di cuenta de que la mía obedecía a un orden inverso. Yo era un poco como el padre de mi padre. Me sentía responsable de él, lo veía descarriado y a veces inestable. Yo, una niña, tenía que ayudarlo.

»Recuerdo discusiones y peleas en las que nunca debería haber participado. Sobre todo, cuando me pedían que tomara partido. Me acostumbré a refugiarme en casa de mis amigas. Allí, al menos, me sentía protegida de los problemas de los adultos.

»Con frecuencia, mi padre esquivaba el sistema para hacernos creer que salía adelante. A menudo lo veía descolocado, incluso frustrado, cuando intentaba reciclarse en otros sectores que no eran el suyo, él, que era electricista de profesión. O, por ejemplo, cuando se estableció como jefe de empresa con la ayuda de mis hermanos y la mía. Le prestamos dinero para crear una sociedad limitada en el sector servicios. Al final se declaró en quiebra y acabó en un escenario aún más crítico.

»Sus ambiciones y decisiones solían arrastrarnos a situaciones difíciles. Afortunadamente, mi madre tenía un empleo estable como directiva en una empresa en la que trabajó más de veinte años. Gracias a ello, a principios de los años 1990 pudo gozar de una residencia de empresa en una zona exclusiva de los alrededores de París. Vivimos más de dieciséis años en una casa grande de cinco dormitorios con un jardín arbolado, en una zona residencial cercana a las orillas del Marne.

»Aparte de sus debilidades, mi padre siempre supo ser un padre que estaba ahí para sus hijos y los escuchaba. Lo fue para mí. Por ejemplo, durante mucho tiempo me animó a practicar danza contemporánea, cuando yo pensaba abandonarla; de hecho, la practiqué con asiduidad hasta los veinte años. El año en que cumplí los trece, incluso se tomó la molestia de hablar personalmente con mi profesora de danza para contemplar la posibilidad de un itinerario deporte-estudios.

»Mi padre debió de tener algún atisbo de vida normal en algún momento. Me llevaba al instituto por la mañana temprano para que no tuviera que coger el autobús, y no dudaba en ir a buscarme a donde hiciera falta los fines de semana, a cualquier hora de la noche, antes de que aprobara el examen de conducir. También estaba siempre ahí para consolarme cuando tenía un disgusto amoroso, o cuando mi madre y yo no nos poníamos de acuerdo y acabábamos discutiendo en casa.

»Su credo fue siempre el mismo para los tres: que nuestro propio camino sea mejor que el suyo. Nos lo repitió durante toda nuestra adolescencia.

»Lamentaba no haber estudiado. A menudo rememoraba ciertos acontecimientos de su infancia. Obligado a trabajar desde los trece años y medio para su propio padre. Tuvo que dejar la escuela en Quincy-sous-Sénart, donde había nacido, para ir a Château d'Oublaise, en Indre y el Loira, convertido en centro de reinserción social para expresidiarios, donde sus padres trabajaban como vigilantes. Según parece, mi padre no tuvo una infancia fácil. Acabó obteniendo un título de formación profesional como electricista, y ayudó a su familia trabajando en la construcción en provincias, y más tarde en la región parisina. Solía describir a su padre como un vago, un marginal, un parásito de la asistencia social, a pesar de que sabía hacer casi de todo con sus propias manos. Mi abuelo paterno al menos les transmitió eso a sus dos hijos, además del socorrido "arréglatelas como puedas".

»Con los años, al crecer, mis hermanos y yo nos vimos a menudo atrapados por la versatilidad de la personalidad de nuestro padre. Más de una vez lo notamos frustrado y envidioso. Se le notaba sobre todo cuando transformaba la realidad a su favor para sentirse más seguro. Pero lo queríamos, y los tres lo aceptábamos tal como era, aunque éramos conscientes de sus defectos.

En este momento del relato, el psiquiatra me ruega que me tome un descanso.

Vuelve a quedarse en silencio. Luego me pide que apoye una mano sobre el escritorio durante unos segundos. Después me pide que la levante para evaluar mi estado de tensión emocional: ¿estoy emocionada, triste, o simplemente absorta en lo que le estoy contando? Lo hago y aparecen mis huellas dactilares sudorosas. Él me mira imperturbable.

—¿Cómo se siente?

—Traicionada. Y me avergüenzo de ser la hija de ese torturador.

SÁBADO, 12 DE DICIEMBRE DE 2020

Desde el enfrentamiento del 24 de noviembre provocado por la carta de mi padre, Florian se ha encerrado en el mutismo. Él y mi madre han planeado terminar solos con la mudanza de la casa del Vaucluse. Piensan volver a bajar en tren, alquilar un camión y vaciar lo que quede del pasado. Lo trasladarán todo a casa de Florian, cerca de París.

Los últimos diez años de mi madre se resumen en unas cuantas cajas y algo de ropa. Todo lo demás se vendió, se tiró o se regaló.

Desde hace varios días, mi madre quiere que mi padre pueda disponer de sus pertenencias en la cárcel. Así que le ha preparado una bolsa con ropa de abrigo y algunos efectos personales, que quiere dejar en la portería de la cárcel de Le Pontet. Incluso los amigos más íntimos de mi padre, indignados al conocer los motivos de su encarcelamiento, le niegan ese favor.

Al llegar a la cárcel, el guardián le comunica a mi madre que es imposible dejar ropa los fines de semana. Tras el procedimiento de verificación al otro lado de los muros, mi padre recibirá sus pertenencias a mediados de la semana siguiente. No doy crédito. Sigue ocupándose del bienestar del hombre que hizo que la violaran durante diez años.

LUNES, 14 DE DICIEMBRE DE 2020

El despertador suena a las 5.30. Hoy voy en tren a Aviñón, para comparecer ante la jueza encargada de la instrucción. Pasé la velada de ayer con mi hermano David, su mujer y sus hijos. Mi hermano insiste en llevarme a la estación. Se levanta al mismo tiempo que yo y mi cuñada Céline me abraza. En el fondo, tengo mucho miedo de derrumbarme.

Sé que, llegado el momento, estaré a solas conmigo misma y que lo que diga repercutirá sin duda en el resto del proceso. Es una gran responsabilidad.

Una vez en la estación de Aviñón, me asaltan los recuerdos de mi vida de *antes*.

Me viene a la mente el entusiasmo de mi padre el día de la publicación de las notas de la reválida, cuando vino conmigo, el orgullo en su mirada cuando me gradué unos años más tarde, la emoción que sintió el día que le presenté a Paul, la suerte de estar juntos en aquel famoso concierto de Zaz en el Olympia en 2011, aquella larga y conmovedora canción de Jean-Louis Aubert que declamó con tanta emoción el día de mi boda en 2009... Es una auténtica tortura.

El despacho de la jueza está en la cuarta planta. Llego con una hora de adelanto. Me siento en el pasillo, amarillo y feo. Me da la impresión de estar actuando en una mala serie policiaca.

Mi madre está siendo oída por la jueza. Su cita tenía que empezar a las diez, una hora antes que la mía. A mediodía, Caty, nuestra abogada, acude a prevenirme de que la vista de mi madre se ha alargado más de lo previsto. Acaba durando más de tres horas y treinta minutos. Mientras tanto, deambulo por los pasillos del juzgado, en los que reina un tupido silencio.

Cuando mi madre sale por fin, está agotada.

Son las 13.30 cuando entro en el amplio despacho con las ventanas entreabiertas que dan a las fachadas de los juzgados.

Ahí me encuentro con Caty. La jueza es una mujer joven de pelo castaño claro liso, casi invisible detrás de los numerosos expedientes. La secretaria judicial está sentada a su derecha, frente a la pantalla del ordenador.

La jueza quiere oírme tras la denuncia presentada contra mi padre el 3 de noviembre de 2020.

—Sin poder datarlo con precisión, estoy firmemente convencida de que mi padre empezó a desbarrar mucho antes de 2013. En 2011, mi hermano Florian me contó un suceso inquietante. Por aquel entonces, Florian y su novia, mi futura cuñada, vivían en casa de mis padres. Un día, cuando ella volvió a casa para comer, sorprendió a mi padre masturbándose ante la pantalla del ordenador en su despacho. La puerta estaba abierta. Desconcertada, dio media vuelta en dirección al cuarto de Florian.

»Unos meses más tarde se lo conté todo a mi madre. Ella no comprendía la actitud de Florian, que cada vez venía menos a las reuniones familiares. Mi padre también se había quejado de ese repentino cambio de comportamiento. Cuando decidí contarle a mi madre las razones de la conducta de mi hermano, mi padre se puso muy violento.

La jueza me hace un gesto para que haga una pausa. Le pregunta a la secretaria si ha tenido tiempo de anotarlo todo. También quiere oírme en relación con las reiteradas ausencias mentales de mi madre.

—Estoy bastante segura de que mi padre la drogaba cuando se quedaban en mi casa. Por ejemplo, pasaron las vacaciones de Navidad en mi casa en diciembre de 2019. Mi marido, mi hijo y yo nos habíamos ido a Marruecos, así que yo no estaba allí. Más tarde, mi madre evocó una pérdida de conocimiento ocurrida la noche del 28 de diciembre, cuando estaban en casa con una pareja amiga. Se acordaba del comienzo de la velada. Después, nada. No recordaba haber despedido a sus amigos ni haberlos visto marcharse. Estaba jubilada, no había cuidado de sus nietos desde la semana de vacaciones de Todos los Santos, y esa Navidad en familia no había sido especialmente agotadora.

»Para mí, la única explicación solo podía ser médica. Así que lo atribuí a sus problemas ginecológicos, que se habían manifestado poco después de su llegada a la región parisina, a mediados de diciembre. Aquello me preocupó mucho. Temiendo un problema de salud más grave, insistí en concertarle una cita urgente con el ginecólogo debido a las fuertes pérdidas de sangre, injustificadas para una mujer de su edad y postmenopáusica. El médico no detectó nada anormal y le suministró un tratamiento antifúngico durante varios días. Tenía el cuello del útero muy inflamado. Las exploraciones no fueron más allá. Hubo muchas ausencias inexplicables a lo largo de los años. Una de ellas volvió a ocurrir en mi casa. Esta vez, en la segunda residencia que Paul y yo tenemos. Ahora tengo la certeza de que también drogó a mi madre al final de su estancia allí, en mayo de 2019.

—¿Qué la induce a decir eso?

—La mañana que se fueron, mi madre no recuerda que arreglara la casa, vaciara el cubo de la basura o cerrase la puerta con llave. Ese día, ni siquiera eran las diez cuando se marcharon. Creo que se desmayó casi inmediatamente en el coche. Lo que prueba el nivel de sobredosis al que él sometía a su pobre cuerpecito, incluso por la mañana, en el tazón de café solo. Ni por un momento se le pasó por la cabeza a mi padre que el corazón de mi madre podría no resistir.

»Recuerdo que intenté localizar a mamá en su móvil varias veces. En vano. Tras varios intentos, mi padre cogió por fin el teléfono para decirme que estaba profundamente dormida y que acababan de pasar Lyon. Me acuerdo de que me dijo:

»—Tu madre está agotada, estaba muy estresada por dejarte la casa perfectamente ordenada y limpia, ya la conoces, se sentía tan presionada... Por fin se ha relajado, está dormida.

»Después de hacer varios viajes largos con mi madre, sé que nunca duerme en el coche. Aquello me preocupó.

»Hoy sé, gracias a la investigación en curso, que la había drogado para poder entregarla a terceros en las áreas de servicio de la autopista de regreso al Vaucluse. No pude hablar con mi madre hasta el final de la tarde del día siguiente. No recordaba nada del momento en que salió de mi casa. Se veía a sí misma metiendo la llave en la cerradura y luego la oscuridad total.

»Mi madre no se despertó hasta que llegaron a Mazan y el coche cruzó el portón de la casa: había dormido al menos ocho horas seguidas.

Me detengo y miro fijamente a la jueza.

Me doy cuenta de hasta qué punto mi testimonio ha dado forma a la personalidad esquiva de mi padre. Comprendo sobre todo que deberé asumir mis declaraciones ante la ley. Estos acontecimientos, que ratifican el naufragio de nuestra familia, me hacen un nudo en la garganta. He de llegar hasta el final. Aunque tenga que pagarlo caro. Se trata de crímenes, repetidas violaciones en grupo. Me siento terriblemente sola, diminuta y aplastada por el peso de este caso. No quiero librarme diciendo que no he visto nada. Pero me siento culpable por mi falta de discernimiento. Por no haber insistido ante sus repetidas amnesias. En el fondo, me culpo por ser tan crédula.

Además, tengo otras cosas que contarle a la jueza. Cosas que me conciernen y que me preocupan. Quiero sobre todo que entienda que nosotros, los hijos, también sufrimos por haber sido manipulados por nuestro padre.

¿Podíamos saber que nos mentía casi siempre? ¿Que la comedia era su segunda naturaleza? ¿Cómo podíamos distinguir la falsedad de la verdad, que él se encargaba de aparentar en sociedad? ¿Las pocas semanas que pasamos juntos en mi casa deberían haber bastado para desenmascararlo?

Entonces decido informar a la jueza sobre otro hecho significativo ocurrido en agosto de 2019.

Salía de mi tercera operación de urgencia. Cinco meses de intenso dolor por un problema de salud íntima que no se curaba, una herida que no se cerraba. Los tres cirujanos que me intervinieron sucesivamente fueron incapaces de explicarme el origen del problema.

Durante aquellos largos meses sufrí. Guardé silencio. Me sentí discapacitada y disminuida. Hoy me obsesiona una pregunta. ¿Y si aquello tuviera una relación directa con las acciones de mi padre y mis dos fotos encontradas?

Ese año, en verano, tuve que ser operada de nuevo, por vía de urgencia, dos veces seguidas, con tres semanas de intervalo. Por consiguiente, el sábado, 10 de agosto, por la mañana, estaba de baja tras la última operación, en mi residencia vacacional.

El móvil vibra en la mesilla de noche. Son las 10.45.

Apenas si he dormido, el dolor es demasiado intenso. En la pantalla aparece el número de mi padre. Descubro entonces cuatro llamadas perdidas y un mensaje: «Por favor, llámame. Es urgente».

Ingenuamente, pienso que quiere tener noticias mías. Pero cuando descuelga lo oigo decir en tono apresurado:

—Lo siento, sé que es un mal momento, pero necesito tu ayuda.

Continúa con una perorata que me conozco de sobra. Me explica que necesita urgentemente cien euros para regularizar su cuenta bancaria. Está en números rojos y no tiene autorización para ello. Dice que los gastos ocasionados por la visita de sus tres nietos, incluido Tom, en el mes de julio, tienen la culpa de ese déficit. Pienso entonces que en realidad nunca he estado en mi sitio en esta familia. Quiero decir en mi sitio como hija. Siempre teniendo que ayudarlo a lidiar con ese tipo de problemas. En ese momento me exaspera, como cada vez que intenta invertir los papeles.

—No quiero preocupar a tu madre —me dice—, ya está bastante ansiosa. No merece la pena comentarle nada, ya me las arreglaré...

Y, sin embargo, una vez más, es a mí a quien llama, nunca a David ni a Florian.

Sabe que voy a hacerle el favor, sin preguntar nada. Es lo de siempre. No puedo decirle que no y obligarlo a asumir sus responsabilidades. Y él lo sabe.

Este es exactamente el principio de la dominación. Uno sabe que está siendo manipulado e influenciado, pero no puede librarse de esa autoridad. No tengo energías para entrar en conflicto y termino aceptando hacerle una transferencia. Intento mantener la compostura, pero en el fondo estoy que ardo.

Diez minutos más tarde, vuelve a llamarme.

—Caro, de hecho, no es suficiente, necesito veinte euros más. Si pudieras transferirme esos veinte euros cuanto antes...

Me quedo sin palabras ante semejante descaro. ¿Estoy convaleciente, y encima viene a pedirme dinero con un oscuro pretexto?... No es la primera vez, debería estar habituada. Pero una nunca se acostumbra a la indecencia. Mi móvil vuelve a vibrar. Tres llamadas en menos de veinte minutos.

—Caro, lo he estado pensando. Ciento cuarenta sería mejor, hasta que me llegue la pensión.

—No soy un banco.

—Es un favor. Puedes hacerme un favor, ¿no? Hazlo por tu madre. No hay que preocuparla. Te los devolveré.

Cuelgo el teléfono con los puños apretados y el corazón palpitante. Ha conseguido hacerme sentir culpable. Y ha funcionado. Al día siguiente le envío un mensaje diciéndole que no me devuelva el dinero. Obviamente, no insiste.

En las semanas siguientes me distancio de mis padres. Sin embargo, volvemos a vernos para el cumpleaños de David, a finales de agosto. Mi padre se muestra glacial y califica mi comportamiento de «inaceptable». Es demasiado. Espero unos días antes de llamar a mi madre y contárselo todo. Ya estoy harta de ser la madre de mis padres.

La jueza escucha atentamente. Me pregunta si quiero añadir algo.

—Sí. Sasha, mi sobrina de nueve años, una de las dos hijas de David, ha revelado algo sorprendente desde el encarcelamiento de su abuelo. Durante las vacaciones de febrero de 2019, recuerda haber visto por la mañana a su abuela dormida de espaldas, con los brazos caídos. «Dormía tan profundamente», según mi sobrina, que no respondía a sus ruegos. Su abuelo le pidió que dejara descansar a la abuela.

»Aquel día se levantó bastante tarde, a última hora de la mañana. Lo que no es propio de las costumbres de mi madre, sobre todo cuando cuida de los nietos.

Finalmente, releo y firmo el acta de la audiencia. Según este informe, mi padre tendrá que volver a testificar. Sé que no lo he tratado con ninguna delicadeza.

Pero, por primera vez, tengo claro lo que pienso de él. Quiero que se sepa la verdad tras años de manipulación.

Cuando salgo del despacho de la jueza, mi madre no reacciona. Me doy cuenta de que, psicológicamente, no puede admitir lo impensable y afrontar las cosas cara a cara. Es insoportable para ella. Trata de convencerse de que el hombre al que amó durante tantos años no siempre ha sido un criminal sexual tan depravado. Trata de encontrarle circunstancias atenuantes.

En la estación, cada una toma un tren distinto hacia la región parisina. Es como si nuestros caminos divergieran ya. Estoy destrozada. Me siento pegajosa. Me avergüenzo de haber amado a un padre al que creía conocer.

JUEVES, 17 DE DICIEMBRE DE 2020

La relación con mi madre está más distendida. No consigue imaginar que yo también pude haber sido víctima de mi padre. Es algo inaceptable para ella, y la comprendo. Pero también me enfada que sea incapaz de tener en consideración mis dudas, de aceptar mi rabia y mi dolor. Mi madre no deja de decirme que no me someta a tanta tensión nerviosa y psicológica. Oficialmente, no hay pruebas de sumisión química en mí. Ni rastro de tocamientos ni de violación. Y, sin embargo, eso no me tranquiliza. También sé que está profundamente herida y que hace todo lo posible por mantenerse en pie. Ha activado el «modo supervivencia». Se ha ido acomodando, para protegerse, a una especie de entumecimiento, mientras yo lucho contra mis propios demonios con todas mis fuerzas.

Entre dos reuniones de trabajo a domicilio, mantengo la mente ocupada poniendo un poco de orden en casa. Ordeno, clasifico, limpio e intento hacer desaparecer la oscura pregunta que acecha en el fondo de mi mente. ¿Me tocó mi padre?

Agarras a Tom de las axilas y entras con él en la piscina. El agua turquesa brilla con el sol. Hoy nadará sin flotador, pero tú estarás allí, le susurras, todo irá bien. Lo abrazas en el agua, Tom no tiene miedo, se suelta suavemente de tu cuello, tiene la confianza suficiente para arriesgarse a nadar sin flotador. Os observo desde el borde. No temo nada de ti. Yo también me siento confiada.

Abro el armario de la ropa de cama. Mis ojos se posan en los dibujos de una sábana. Los reconozco. Un juego comprado justo antes de que naciera Tom. Me quedo paralizada y caigo de rodillas en el parqué.

Así que una de las dos fotos que me enseñó la policía de Carpentras en noviembre fue tomada en mi casa. Reconozco las sábanas. Mi padre me fotografió en casa, en mi dormitorio, y eso fue en 2013. Se acabaron las dudas. Su segunda presa era yo.

JUEVES, 24 DE DICIEMBRE DE 2020

Por primera vez, Tom no va a pasar la Navidad con todos sus primos ni con sus abuelos. La familia está dividida en dos. Yo compartiré la velada con David. Mi madre se queda en casa de Florian. Las celebraciones familiares nunca volverán a ser como antes. Mi padre ha conseguido dividir a la familia. Ha dañado lo que más quiero: nosotros. El equilibrio del clan, mis raíces.

A pesar de todo, adopto una decisión simbólica importante. Para romper con esta maldición, quiero cambiar en el registro el tercer nombre de Tom, que hasta el momento ha sido el de mi padre. Quiero sustituirlo por el de mi hermano mayor, David. Está decidido, voy a iniciar los trámites oficiales.

David, siempre pudoroso, me da un abrazo.

VIERNES, 1 DE ENERO DE 2021

En este primer día del año 2021 pienso en mi padre. Por primera vez siento compasión por él. Lo imagino en su celda. ¿Tiene frío? ¿Hambre? ¿Quiénes son sus compañeros de celda? ¿Cómo lleva el no poder andar en bicicleta, con lo que le gustaba? El próximo paso para mí será obviar estas preguntas con indiferencia. Dejar de sentirme concernida por mi padre.

Echo de menos a mi madre, no sé nada de ella desde Navidad. Decido llamarla. A la tercera frase que pronuncia, no puedo contenerme. Mi madre no tarda en echarse a llorar también. No hay palabras para lo que estamos pasando.

Lo único que consigo articular es que quiero estar a su lado. Tras más de dos horas de charla, prometemos permanecer siempre unidas, ella y yo. Sin juzgarnos.

SÁBADO, 23 DE ENERO DE 2021

Me despierto de buen humor. Esta mañana, seca y fría, el cielo está despejado cuando me dirijo al mercado. Por la noche cenamos en casa de David para celebrar mi cumpleaños y el de su mujer, Céline, que me ha apoyado desde el principio.

Desde el 2 de noviembre, es el primer fin de semana que disfruto de la vida. El día pasa volando. Hacia las cinco de la tarde decidimos ponernos en camino para reunirnos con mi hermano y su familia.

Justo cuando salimos de casa, me llama mi madre. Sé que ha vuelto al Vaucluse para ultimar algunas gestiones administrativas. El día había empezado muy bien, pero...

—Caro, ¿has estado en contacto con los miembros de la familia de un preso de la cárcel de Le Pontet?

—Pero, mamá, ¿cómo puedes preguntarme eso? ¿Te has vuelto loca?

La veo alterada. Me explica que ha recibido una segunda carta de mi padre en la que dice que está en peligro por mi culpa.

No me extraña que ese trastornado escriba tonterías. Pero que mi madre crea sus elucubraciones me pone enferma. Vuelta a empezar: él ejerce su control sobre ella a distancia, inclinando siempre los acontecimientos a su favor. Antes de colgar, le pido a mi madre que me envíe la carta. Quiero examinarla.

Con fecha de 9 de enero, llega también por correo a casa de Sylvie, la amiga de mi madre, igual que la otra vez. Mi padre ha vuelto a eludir el sistema judicial. Cuando llego a casa de David, me derrumbo.

Odio sus intentos de manipulación. También estoy disgustada con mi madre por dejarse engañar. Al final, la noche no será tan agradable como esperaba. Desde las profundidades de su celda ha conseguido robarme una parte de mi fiesta.

DOMINGO, 24 DE ENERO DE 2021

A la mañana siguiente leo la carta y me quedo de piedra.

> Seguro que fuiste tú, Michel, mi amigo, mi hermano, quien me envió la ropa de abrigo que me recordó a mi hogar, y entre la que encontré un cabello del amor de mi vida que me reconfortó por un breve instante.
>
> Estoy en una celda con un joven recluso cuyos padres trataron de averiguar algo más por teléfono, sin saber por qué estoy aquí, pero Caroline les contó todo a los padres de mi compañero de celda, que ya no quiere estar conmigo. Intentad calmarla, porque me van a linchar aquí, eso no se perdona, es urgente. Voy a tener que pasar el resto de mi vida en la cárcel, y aguantar mientras pueda sin contacto externo algu-

no, es durísimo, pero sé que le vendrá bien a todo el mundo. No busco compasión, solo un poco de consuelo. La vida es demasiado dura aquí, especialmente debido a la saña de Caroline.

Me doy cuenta de su grado de perversidad. Aprovecharse de la credulidad de mi madre, provocar mi enfado para enfrentarnos. Tiene tiempo. Aunque sé que mi padre está muy enfermo, y solo, en su cabeza, me entran ganas de arrancársela.

Necesito unos días para calmarme.

Me siento mal. Dudo entre la aceptación y la rebeldía.

JUEVES, 28 DE ENERO DE 2021

Mientras estoy en una videoconferencia, Paul deja un sobre en la mesa. Es una carta oficial.

> Habiendo examinado su solicitud de cambio de nombre presentada en calidad de representante legal de Tom Jean Dominique, nacido el 25 de julio de 2014 en el distrito XVI de París, así como los documentos adjuntos en apoyo a la misma, resulta que dicha solicitud presenta un interés legítimo según el artículo 60 del Código Civil. En consecuencia, se autoriza a su hijo a llamarse Tom Jean David.

Es un alivio inmenso. Paul está tan emocionado como yo. No habría estado conforme conmigo misma de no haber dado este paso.

Gracias a esto, siento que protejo a mi hijo. Tom es mucho mejor que mi ascendencia. Esa carta me va a dar fuerzas para escribir unas líneas a mi padre.

Al final, por consejo de mi abogada, este mensaje nunca se enviará. Pero me habrá sentado bien escribirlo.

Dominique:

Tres meses en prisión y ya cuatro correos falaces.

Siempre supiste lo que hacías y sigue siendo así.

La única diferencia es que ahora sé quién eres. Todos lo sabemos.

Te pido que a partir de este momento abandones tus maniobras.

Iré hasta el final de este procedimiento. Iremos hasta el final.

Has dejado de existir para mí. Para siempre.

MARTES, 2 DE FEBRERO DE 2021

Hemos lanzado una campaña de recaudación de fondos para ayudar a mi madre a pagar los gastos del divorcio. Mi padre lo ha aceptado, y la primera conciliación está prevista el 31 de mayo en el tribunal de Carpentras. Mi madre comparecerá ante el juez de familia, mientras que mi padre lo hará por videoconferencia desde la cárcel.

Al mismo tiempo está trabajando en el dosier de sobreendeudamiento con la esperanza de que se revise la deuda bajo su apellido de soltera.

Cuando viene a pasar unos días en casa, la sorprendo a veces postrada y en silencio. Mamá es pudorosa y no quiere mostrar nada de su angustia. La formidable solidaridad manifestada en la campaña le ha hecho mucho bien. Desde hace varias semanas invierto todas mis energías en recaudar dinero para ayudar a mi madre. Me gustaría que recuperase su dignidad y su confianza.

Es imposible olvidar la generosidad de todos esos benefactores. Este movimiento de solidaridad, que duró varias semanas incluso en un círculo reducido, le ha permitido darse cuenta de que no estaba sola en la tormenta. La ha ayudado a levantar la cabeza y a seguir con sus proyectos los próximos meses. Muchos mensajes le recuerdan también que una violación no se produce necesariamente en el escondrijo oscuro de una ciudad dormitorio o en el sótano de un aparcamiento. La inmensa mayoría de las agresiones sexuales las cometen personas cercanas a la víctima: el padre, el hermano, el abuelo, el amigo, el primo, y también el cónyuge.

DOMINGO, 7 DE FEBRERO DE 2021

Hemos pasado un fin de semana en familia, en el campo, al aire libre.

A pesar de lo agradable del día, he podido ver tristeza en los ojos de mi hijo. Lo encuentro distante. Por respeto a su silencio, yo también callo. Pero a la hora de acostarse me lo encuentro sentado en su cama.

—Pienso mucho en el abuelo desde que está en la cárcel. Me dijiste que podía ir a ver a un médico amable para hablar, si quería... Pues ahora me apetece mucho y, sobre todo, creo que lo necesito. Quiero quitármelo de la cabeza para siempre.

MARTES, 2 DE MARZO DE 2021

Céline y Barbara, esposas de David y Florian, respectivamente, han sido citadas en una comisaría de la región parisina, continuación lógica de mi audiencia con la jueza de instrucción en diciembre. Cada una de ellas pasará una entrevista de más de dos horas.

Una vez más, el horror invade nuestras vidas.

Durante los últimos diez años, mis dos cuñadas fueron fotografiadas desnudas, sin que ellas lo supieran, en algunas de nuestras reuniones familiares. En su casa, o en la de mis padres, mi padre había instalado cámaras en modo ráfaga en el cuarto de baño y en los dormitorios.

Hizo también fotomontajes con Céline, con pies de foto indecentes. Empezó cuando ella estaba embarazada, en 2011. En cuanto a Barbara, ella descubre fotos íntimas tomadas durante el último verano en casa de mis padres. En algunas se ve a mi padre masturbándose con su ropa interior.

Mi padre colgó estas fotos en internet. A los desequilibrados sexuales les habrán encantado.

Dicho episodio marcó un punto de inflexión en el procedimiento judicial. Céline y Barbara se constituyen como parte civil y piden a Caty que las defienda.

Mi padre no perdonó a ninguna mujer de nuestra familia.

En los días siguientes, dieciocho hombres sospechosos de violar a mi madre fueron encarcelados. Por razones de seguridad, mi padre fue trasladado a otra prisión del sur de Francia. Los delincuentes sexuales son objeto de ajustes de cuentas. Representan lo más bajo de la casta carcelaria.

¿Cómo afrontará mi padre ese traslado penitenciario? ¿Será capaz de adaptarse? Por supuesto que sí. Ha representado la farsa de la familia durante más de cuatro décadas.

MIÉRCOLES, 10 DE MARZO DE 2021

Desde hace ahora varios meses, asisto casi aliviada a la desculpabilización de la palabra de las mujeres víctimas de agresiones y delitos sexuales. Los libros *El consentimiento*, de Vanessa Springora, y *La familia grande*, de Camille Kouchner, me llegan al corazón. Durante mucho tiempo, su pasado pareció un callejón sin salida; el crimen ultrajó sus recuerdos, bloqueó su futuro. Y, sin embargo, encontraron la fuerza literaria para denunciar.

Mi padre no podrá invocar el consentimiento libre, previo e informado de mi madre, a menos que crea que se puede estar en posesión de todas las facultades mentales cuando se está noqueado por los medicamentos... En realidad, los violadores no siempre se parecen a los peligrosos psicópatas de las series de televisión. A menudo tienen el aspecto del buen patriarca al que, gustosamente, se lo invita a cenar.

Llevo varias semanas queriendo conocer a gente comprometida con la causa de las mujeres. Me he dado cuenta de la importancia por mi madre, que lo ha perdido todo. Los cuidados y el apoyo que necesitaba en su situación han sido prácticamente inexistentes. Abandonada a su suerte, lucha como puede. Pero ¿cómo se las arreglan las mujeres que no tienen familia ni dinero?

Todo empezó a raíz de la entrevista con Ghada Hatem-Gantzer, ginecóloga y obstetra de origen francolibanés. Al leerla, me di cuenta de la delgada línea que existe entre la acción y la absolución. Me prometí a mí misma que conocería a aquella interesante personalidad, figura destacada en la lucha contra la violencia de género. Su combate, tanto preventivo como curativo, ya me había llamado la atención hacía algunos años.

Ahora sé hasta qué punto la violencia intrafamiliar es un problema sistémico. Lo he experimentado de primera mano en los últimos meses. Lo que le ocurre a alguien cercano cambia, afecta y desestabiliza el funcionamiento de todos los que lo rodean. El trauma se propaga como una onda expansiva, y las víctimas colaterales suelen caer en el olvido. La atención, el apoyo y el asesoramiento tras un trauma son, evidentemente, decisivos.

Así que hoy tengo cita con la doctora Hatem-Gantzer en la Casa de las Mujeres que depende del Centro Hospitalario de Saint-Denis. Ella fundó en 2016 este nuevo tipo de centro de acogida, dedicado a las mujeres víctimas de violencia física y sexual. El centro se organiza en torno a tres unidades de atención: violencia, planificación familiar y mujeres víctimas de mutilaciones sexuales.

Cuando Ghada me recibe en la salita que le sirve de despacho, aún no conoce mi historia. Me saluda con respeto. Desprende una bondad que da seguridad. Su voz serena y rotunda me anima a contarle algunas cosas. No dudo en confiarle mis dudas, mis esperanzas y mis convicciones personales.

Ghada es una pionera. Aún no lo sé, pero este encuentro marcará el inicio de una colaboración, y también el comienzo de una hermosa amistad. Nuestro primer intercambio será una auténtica liberación para mí.

Aquel día, Ghada se disponía a lanzar el colectivo Re#start, anunciado en una rueda de prensa en presencia de Élisabeth Moreno, ministra francesa de Igualdad entre Mujeres y Hombres, Diversidad e Igualdad de Oportunidades. Si hubiera habido un Centro de la Mujer cerca de mi casa unos meses antes, enseguida habría llevado allí a mi madre. Ayudar a las mujeres víctimas a encontrar desde el principio la estructura adecuada y a profesionales competentes no debería ser una opción ni una suerte. Por desgracia, el proceso de búsqueda de asistencia depende sobre todo de la voluntad de la víctima y sigue siendo muy poco accesible. Para la mayoría de las víctimas, es una carrera de obstáculos.

También me habla de sus necesidades materiales y humanas, y menciona un proyecto de alojamiento de emergencia, «Mon Palier» (Mi Descansillo), destinado a jóvenes víctimas de violencia de entre dieciocho y veinticinco años, en el centro de París. Inmediatamente le ofrezco mi tiempo y mi energía para ayudarla y liberarme un poco del peso de mi historia personal.

En la actualidad, el colectivo Re#start cuenta con once estructuras, nueve de las cuales están operativas. En Saint-Denis (julio de 2016, Centro Hospitalario Delafontaine), Bruselas (septiembre de 2017, CHU de Saint-Pierre), Burdeos (febrero de 2019, Asociación CACIS), Brive-la-Gaillarde (noviembre de 2020, Centro Hospitalario de Brive), París (enero de 2021, Hospital La-Pitié-Salpêtrière, AP-HP), Reims (junio de 2021, Le Mars), Tours (noviembre de 2021, CHRU de Tours), Marsella (enero de 2022, Centro Hospitalario Universitario de La Conception AP-HM) y Versalles/

Plaisir (enero de 2022, Centro Hospitalario de Plaisir). Otras diez casas de mujeres más se preparan para adherirse al grupo. Todas están adscritas a un establecimiento sanitario y ofrecen atención médica, psicológica y social. El personal de estos centros trabaja en estrecha colaboración con la policía y la justicia.

MIÉRCOLES, 31 DE MARZO DE 2021

Presento a Ghada Hatem-Gantzer a la dirección de mi empresa. Mientras visitamos la Casa de las Mujeres en Saint-Denis, Ghada nos cuenta más cosas sobre el proyecto «Mon Palier» para mujeres jóvenes. Es un hotel de treinta y tres habitaciones que se está rehabilitando en el Boulevard Rochechouart en París. Le gustaría que abriera pronto. Acordamos trabajar juntos para ayudarla a poner en marcha el proyecto. Será un verdadero lugar para vivir, cómodo y acogedor. Esta primera colaboración fue una revelación para mí. Ahora sé que mi esfuerzo personal no se detendrá ahí.

Invierno de 1990, vacaciones de esquí en Risoul (Altos Alpes). Me propones mi primera pista roja. Me acompañarás. Aún no tengo mucha confianza con los esquís, y la montaña a veces depara algunas sorpresas. Aquel día hace sol, pero mucho frío. En lo alto de la pista te lanzas el primero, como una flecha. Aterrorizada, me deslizo sola, resbalando mal y con miedo a montículos y virajes. Tardo casi dos horas en llegar; acabo llorando, grito al verte. Solo dices:

—¿Ves?, finalmente lo has conseguido, te lo dije.

DOMINGO, 5 DE ABRIL DE 2021

Anoche hablé con mi madre, que ahora vive con David y Céline. Sigue sin creer que mi padre haya podido sobrepasar los límites de lo intolerable con su propia hija. «Deja de hacerte daño, tu padre no ha podido hacer algo así. No puedo consentirlo, si no, eso me destruiría.» ¡Soy tan diferente de mi madre, cuando lo pienso! Su mecanismo psíquico de defensa sigue siendo un misterio.

Esa noche, después de colgar el teléfono, me acuesto contrariada, desdichada. A las 4.43 me despierto con fiebre y dolor en todo el cuerpo. No puedo tragar ni respirar. Mi pesadilla parecía tan real... Mi padre se escapaba de la cárcel, ayudado por mi madre, que huía con él. Luego, nos reencontrábamos en nuestra casa familiar, donde crecimos mis hermanos y yo.

De pie en el jardín, mi padre me suplica que lo ayude, que lo ponga a salvo. Se niega a irse. Mi madre interviene para que lo ayudemos. A pesar de sus súplicas, llamo a la policía.

Cuando me levanto a las 8.30 de la mañana, el dolor de garganta ha empeorado. Ya no puedo hablar. El médico de urgencias diagnostica un edema uvular. Una inflamación aguda de la úvula que no consigue explicar. «Quizá esté usted somatizando alguna angustia.»

VIERNES, 9 DE ABRIL DE 2021

A las 7.19 de esta mañana, Marius, el primer hijo de Florian, acaba de entrar en nuestra familia. Mi padre no lo sabe. No lo conocerá nunca, no guardará ningún recuerdo de este nieto.

Se suele decir que una muerte en la familia precede a un nacimiento. Ese día, David envía un mensaje a su hermano a través de nuestro grupo de WhatsApp que se me ha quedado grabado en la memoria: «Bienvenido, Marius. Hemos perdido un gran roble bajo el que nos gustaba descansar, hemos ganado un brote joven que tendremos que proteger».

MARTES, 13 DE ABRIL DE 2021

Nos enteramos de que otros individuos han sido interrogados en sus domicilios y detenidos. Algunos de ellos son padres de niños pequeños. Pienso en ellos, en esos hermanos que han sido demolidos por su padre. Es el enterrador de familias, el asesino de recuerdos. Me imagino lo que tendrán que pasar estos niños cuando crezcan. Los mismos espacios negros que nosotros, el mismo vínculo podrido y destruido, del que tendrán que deshacerse cueste lo que cueste.

Todas las peticiones de puesta en libertad han sido rechazadas.

VIERNES, 16 DE ABRIL DE 2021

Mi abogada acaba de recibir una copia actualizada del expediente. Ahora contiene varios cientos de páginas de declaraciones. Veintitrés de los setenta y tres agresores identificados están ya entre rejas en diferentes prisiones del Vaucluse.

El 17 de marzo, en una nueva audiencia ante la jueza, mi padre tiene que enfrentarse a las fotos de mis dos cuñadas, así como a fotos mías que datan de julio de 2020. Las colgó en internet con algunos comentarios soeces. Pero alega «ganas de descubrir» y reitera que nunca se ha sentido sexualmente atraído ni por su hija ni por sus nueras.

Ahora tenemos que concertar una cita para consultar el expediente en el despacho de nuestra abogada.

LUNES, 26 DE ABRIL DE 2021

David, mamá y yo pasamos cinco horas oyendo cómo nuestra abogada nos relata el contenido de las declaraciones de los últimos agresores detenidos.

Con edades comprendidas entre los veintidós y los setenta y un años, se jactan de practicar el candaulismo, una práctica sexual que consiste en observar a su pareja manteniendo relaciones sexuales con otra persona.

Los comentarios de mi padre me siguen causando consternación. Cada vez que se le pregunta por las agresiones a mi madre, lo elude y persiste en sus mentiras. Entiendo que no sabré nunca la verdad sobre mí.

Cuando Caty declara que quiere ahorrarnos las imágenes de mi madre atada en la cama, nos quedamos de piedra. Y, por si fuera poco, nos informa con la mayor delicadeza posible de que la primera violación registrada data en realidad del 23 de julio de 2011, en la región de París.

Mi madre recibe una bofetada en la cara del calibre de un semirremolque; no dice nada. Se apaga. ¿Qué otra palabra hay? Su luz desaparece y se convierte en una madre de cera, devastada. Me siento abatida por la vergüenza.

DOMINGO, 23 DE MAYO DE 2021

Paul, Tom y yo pasamos el fin de semana en casa de unos amigos, en Lyon. Mi madre sigue frágil. Sé que cada día se pregunta si será capaz de aguantar y continuar con este procedimiento judicial. La idea de que pueda retirarse del caso me aterroriza.

Este domingo por la mañana, Florian me envía una carta dirigida a su nombre y recibida unos días antes. Tiene fecha del 22 de abril.

> Hijo mío:
>
> Desde que me detuvieron he reflexionado mucho antes de escribir a un miembro de mi familia. Te he elegido porque era la única dirección que tenía y también porque creo que tu sensibilidad de artista sabrá, eso espero, transmitir estas pocas palabras, que serán

las últimas, por deferencia, a todos. Respetaré vuestro silencio, que comprendo, cumpliré mi pena de prisión y, por respeto, haré mi camino solo.

Siento el daño que os he causado a todos, y os pido disculpas a todos y a todas. He intentado hacerlo lo mejor que he podido hasta esos terribles últimos y sombríos años de mi personalidad.

Pienso en todos vosotros a la vista de los diferentes sucesos retransmitidos por la televisión, y os extraño mucho. Os deseo a todos muchas cosas hermosas en vuestras vidas, y echo de menos a los pequeños, aunque no conozca al último.

Quizá sea lo mejor.

Quiero que sepáis que vuestra madre es y será siempre el amor de mi vida y que, como todos vosotros, nunca la olvidaré. Soy consciente del daño y la vergüenza que os he causado, aquí intento cuidarme a pesar de todo, la privación de libertad es menos difícil de soportar que vuestra ausencia, espero que hayas recuperado mi coche, que te ayudará en el día a día, sed todos valientes y felices, estoy llegando a una edad con pequeños problemas de salud que no son nada comparado con lo que os he infligido, voy a luchar con valentía para seguir solo, os quiero y os beso a todos.

Perdón,

Papá

NB: la única dirección que tenía era la tuya, que aparecía en el procedimiento de divorcio que firmé.

He releído estas líneas tres veces con tristeza y amargura. ¿Acaso su perdón muestra algún signo de sinceridad? Pero ¿cómo puedes hacernos creer que sientes algo por nosotros, tus hijos, cuando deliberadamente nos has destrozado?

Siento unas enormes ganas de vomitar.

LUNES, 31 DE MAYO DE 2021

Mi madre acude al tribunal de Carpentras para el primer acuerdo de divorcio. Mi padre asistirá a esta sesión en pantalla desde la cárcel. Es la primera vez que ella lo ve desde su encarcelamiento. Descubre a un hombre demacrado, con la cabeza inclinada, la mirada perdida y muy delgado.

Un día, quizá, te hablaré por última vez. Te miraré directamente a los ojos y te diré lo diferente que podría haber sido nuestra existencia.

Desde el 2 de noviembre de 2020, la vida ha seguido para nosotros, aunque a trompicones. Vivimos al ritmo que nos marca el procedimiento judicial. Será largo y difícil para todos nosotros.

Este lunes, 31 de mayo, mi madre me ha dicho que

te había visto en la pantalla de la gran sala aséptica del tribunal judicial de Carpentras.

Tú, tras los muros y disminuido; ella, aún en pie, pero lejos de liberarse por completo de su vida de antes. Esto es lo que queda de la flamante pareja de mis padres.

Mamá ha sufrido un shock cuando ha visto tu imagen por primera vez tras siete meses de detención.

Me imagino que tu día a día no es fácil. Ya no eres el mismo hombre. Tal vez te hayas convertido en el hombre que siempre fuiste, perdido, inconsistente, con la mirada extraviada.

Le has dicho que lo sentías. Que estabas avergonzado. Nosotros también estamos avergonzados, papá. Lo más duro para nosotros, tus hijos, es no conocerte.

Nos has traicionado, prefiriendo dar rienda suelta a tu lado oscuro, creyéndote lo bastante listo como para permanecer indefinidamente por encima de la ley. Pensábamos que eras bueno, honesto y leal.

Pero ¿quién eres realmente? Probablemente nunca lo sabré.

Quizá tampoco sepamos nunca hasta dónde llegó tu perversidad, aunque tus fotos y vídeos revelen lo que eres en el fondo, un ser demoniaco, totalmente corrompido. A menudo pienso que hace tiempo que dejaste de querernos y respetarnos para hacernos pasar por todo esto. Demoliste la familia que era tuya, sin tener nunca en cuenta lo que valía para nosotros.

Yo te quería, te respetaba, te ayudaba como una hija agradecida a su padre.

No cumpliste tu parte del contrato. No desempeñaste tu rol de padre, de abuelo. Sin duda, nunca podré perdonártelo.

Ahora tengo que aprender a vivir con ello.

LUNES, 23 DE AGOSTO DE 2021

Mi madre ha venido a mi casita de vacaciones. La ayudo a instalarse para que pueda seguir con su vida en un lugar neutral. Llevaba nueve meses de paso en las casas de sus hijos, pero ahora prefiere vivir sola. Por fin se siente preparada.

Este verano ha sido la enésima prueba para nosotros, como si estuviéramos de luto por la pérdida de nuestras vidas de *antes*. Puede que mi padre siga vivo, pero todos nos enfrentamos a un vacío.

Lo más importante para nosotros es que mamá haga suya su nueva vida. Así que compramos cosas en el mercadillo, redecoramos, sustituimos, y ella vuelve a organizarse, empezando por su nombre de soltera, que ahora aparece en el buzón. De alguna manera, por fin existe. Intentamos reírnos, nos alegramos de la más pequeña tarea llevada a cabo como una pequeña victoria. Cambiamos algunos muebles de sitio y ajustamos el tamaño de los estores para que sean más luminosos. Para que se sienta como en casa, libre y a gusto. Seguimos diciéndonos que todo merece la pena mientras estemos juntas y unidas.

En el transcurso de la semana, hemos sabido que un total de treinta y cuatro agresores están entre rejas, uno de los cuales vivía a pocas calles de la casa de mis padres. Invitado por mi padre, este hombre acudió al menos dos veces a la casa para conocer antes el lugar. Con el pretexto de comprar unas ruedas de bicicleta que probablemente nunca existieron.

Me horrorizo cuando leo los informes psicológicos de estos hombres. Aunque la mayoría de ellos reconoce el carácter amoral de sus actos, ninguno expresa empatía o remordimiento alguno por mi madre. A menudo no son conscientes de que son delincuentes peligrosos.

SÁBADO, 4 DE SEPTIEMBRE DE 2021

A medida que se acerca el comienzo del nuevo curso escolar, hablamos con Tom sobre su bienestar y su estado de ánimo. ¿Debería seguir yendo a la consulta? Este verano dijo que se sentía mejor y que ya no quería seguir yendo a ver a la psicóloga. Parecía haber conseguido distanciarse de las emociones que lo atormentaban apenas unos meses antes. Paul y yo no insistimos. A mediodía, cuando le recuerdo su decisión, acaba expresando su deseo de continuar con la terapia. Sigue sintiendo la necesidad de abrirse y de acudir a esa cita semanal, que considera «su territorio» y «su momento».

MIÉRCOLES, 29 DE SEPTIEMBRE DE 2021

Desde hace unos días, diversos medios regionales, e incluso nacionales, intentan apoderarse de nuestro drama. Visiblemente bien informados, los periodistas solo esperaban a que saliera a la luz un nuevo elemento para lanzarse: por ejemplo, una nueva oleada de detenciones, que implica a nueve hombres más. Nuestra historia está a punto de ser escudriñada en la escena pública. Nos preocupa esta intromisión.

Para anticiparme a ello le pido a Caty que explique qué es la «sumisión química doméstica», un fenómeno mucho más extendido de lo que se cree y poco conocido entre las mujeres y la profesión médica. Al mismo tiempo, la línea de defensa de los agresores va tomando forma. Es absolutamente inapropiada. El abogado de algunos de ellos afirma que, en su momento, nunca fueron informados del estado de nuestra madre. Una afrenta más.

A raíz de este frenesí mediático, surge un nuevo desafío. ¿Se puede sancionar la página de citas gratuita utilizada por todos estos pervertidos para comunicarse entre ellos? Hoy muchos intentan limpiar sus nombres, hacerse pasar por víctimas vilmente engañadas y manipuladas por mi padre. Sin embargo, la página de citas Coco.gg —todavía accesible en la actualidad— permitió a todos estos hombres consultar imágenes pornográficas del cuerpo profanado de mi madre, siempre inconsciente. Aquello no frenó sus actos. Al contrario...

LUNES, 4 DE OCTUBRE DE 2021

Me habría gustado ver más rigor y respeto por lo que estamos pasando mi madre, mis hermanos y yo desde hace once meses. Los periodistas de cierta prensa no son dignos de su profesión cuando divulgan información privada. ¿Qué ha sido de la profesionalidad, de la compasión? ¿Han pensado ustedes en el daño que hacen a las familias? ¿Qué sentido tiene todo esto?

Esta noche estoy indignada por lo que he leído. Intuyo, oculto tras las palabras, detrás de la escenografía (titulares, fotos y pies de foto, elección de palabras...), un placer malsano, sucio, alejado de la ética periodística. Se interpreta, se extrapola, se esboza el horror con un pequeño estremecimiento, se invita a un baño de barro antes de volver a salir completamente limpio... No sabía que el carné de prensa autorizara eso.

Prefiero la escritura, la de verdad, no esos artículos de cloaca. En mi caso, la escritura, valga lo que valga, es un camino. Tiene su función: separarme de mi padre, liberar mis hombros de la carga de su legado.

JUEVES, 14 DE OCTUBRE DE 2021

El 6 de octubre, mis dos cuñadas fueron oídas por la jueza de Aviñón. La última audiencia de mi padre se remonta al mes de julio, y sus comentarios son tan evasivos como fantasiosos. Sigue tergiversando la verdad en beneficio suyo. Afortunadamente, la jueza no parece dar mucho crédito a lo que cuenta.

Llevo varios días con mi madre. Además de apoyarla, he venido para que pueda disponer de un vehículo de manera que sea libre de ir y venir a su antojo. Ahora ya no tiene miedo de ponerse al volante, de desmayarse o de tener ausencias en su vida cotidiana. Mi amiga Marion ha hecho el trayecto conmigo. Sigue siendo mi mayor apoyo.

Caty me dice que uno de los autores de la última

serie de violaciones a mi madre el 22 de octubre de 2020 es seropositivo.

Estoy temblando. Mi madre se lo imagina, pero no dice nada. Tiene que hacerse otra prueba serológica la semana que viene. Mi odio por mi padre sigue creciendo. No hay por qué ponerse en lo peor, me agarro a esa idea. Pero si mi madre estuviera infectada, él pagaría el precio.

JUEVES, 21 DE OCTUBRE DE 2021

La prueba del VIH de mi madre ha dado negativo. Respiro por fin. Más adelante, mi madre me confía que no creía correr ningún peligro, convencida de que ha nacido con estrella. Debo admitir que su candidez y su desapego me superan. Somos profundamente diferentes en la forma de gestionar este descomunal asunto.

SÁBADO, 23 DE OCTUBRE DE 2021

Desde hace varios días, las diferencias entre mi madre y yo, y nuestras heridas, son cada vez mayores. De manera totalmente inesperada, acabamos de recibir noticias de mi padre. A Florian lo contactó Charles, un amigo de la infancia que ahora vive en el sur de Francia. Conocía muy bien a mis padres, pues a menudo pasaba las vacaciones con ellos. En el transcurso de sus estudios de trabajador social, se encontró cara a cara con mi padre en unas prácticas en un centro penitenciario. Mi padre no lo reconoció, probablemente por la mascarilla. Charles, que hacía años que no lo veía, se quedó de piedra. Lo encontró cambiado, perdido y con mal aspecto. No se atrevió a darse a conocer. Ese encuentro inesperado, a punto de cumplirse el aniversario de su detención, nos desestabilizó mucho.

A medida que avanza el procedimiento, mi madre se convence de que mi padre necesita ayuda y tratamiento. A veces me reprocha mi virulencia, incluso mi ingratitud hacia él: «Olvidas que no siempre fue el diablo que describes. Hizo mucho por ti, pero también por tus hermanos. Yo era feliz con él. Lo quise mucho. Prefiero recordar los buenos momentos. El resto no me ayudará a seguir adelante, y quiero seguir viviendo. Soy así».

Probablemente sea una forma de autoprotección frente a la brutalidad de los hechos. Sea como fuere, su discurso me hace sentir incómoda.

MIÉRCOLES, 17 DE NOVIEMBRE DE 2021

Al despertarme me doy cuenta de que esta historia va a hacerse pública. Aunque no tengo miedo de asumirlo, calculo el camino recorrido y el que me queda por recorrer para mi reparación. Me asaltan varias preguntas: ¿cómo será percibido este libro por mis allegados y, mucho más tarde, por mi hijo, cuando tenga edad de leerlo?

Una bomba, una potente explosión nos ha golpeado de frente, pero debemos permanecer firmes frente a lo que queda por venir. A pesar de la desilusión, el dolor y el odio, tenemos que mirar hacia delante con la cabeza bien alta. Me aferro a la idea de que este testimonio hará que la vergüenza cambie de bando. Espero de todo corazón que también ayudará a levantarse a otras personas que se encuentran bajo dominación.

LUNES, 22 DE NOVIEMBRE DE 2021

Casi un año después de mi primera audiencia, la jueza de instrucción me ha citado de nuevo. Quiere revisar mi caso en el marco de la investigación en curso. Según mi abogada, hay otras fotos mías, tomadas sin mi conocimiento, en las que estoy desnuda. La jueza quiere enseñármelas y oír lo que tengo que decir sobre las últimas declaraciones de mi padre. No sé lo que me espera. Ni en qué estado me encontraré después. A veces tengo la impresión de que estoy viviendo una pesadilla interminable. Me gustaría despertarme.

Once en punto, juzgado de Aviñón. La jueza me recibe en el mismo despacho del año pasado. La misma decoración, los mismos interlocutores y el mismo plexiglás que me separa de ella... En la mesa, varias carpetas de colores.

—Antes de proseguir con nuestra entrevista, me gustaría saber cómo está desde nuestro primer encuentro. ¿Hay algún punto que le gustaría tratar antes de pasar a los nuevos elementos que la atañen?

—Me preocupa la salud mental de mi madre. No parece darse cuenta del maquiavelismo de mi padre. Ni ser consciente de todo lo que le ha hecho pasar a lo largo de los años. En mi opinión, mi madre ha adoptado una forma de negación, a pesar de que no ha tenido contacto con él desde hace un año. En cierto modo, todavía lo aprecia y prefiere mantener intacto el recuerdo de un hombre cariñoso y con cierta moral. No consigue aceptar la realidad, no puede admitir que mi padre la manipuló peligrosa y deliberadamente para envilecerla. Porque si reconociera la verdadera naturaleza de su marido, se derrumbaría de inmediato. Esto complica enormemente nuestra relación. Su camino hacia la aceptación (y luego la reconstrucción) será largo y difícil. Es muy doloroso para mí saber que está tan alejada de la realidad.

La jueza toma nota de mis palabras.

—Mi abogada me mostró hace poco la carta de una tía mía, hermana de mi padre, con fecha de 8 de septiembre de 2021. Tiene más de ochenta años. Es la única de nuestra familia que ha mantenido contacto con él. En esa carta, le revela el lugar de residencia de mi madre, que se supone secreto. También le asegura que mi madre «está bien». Pero, como acabo de decirle, no estoy en absoluto de acuerdo. No está bien, solo intenta aferrarse a lo que le queda de su vida de *antes*, convencida de que la historia que tuvo con su marido fue verdadera y sincera.

La jueza continúa.

—Ahora voy a tener que mostrarle algunos extractos de los vídeos de su padre, que incluyen un fotomontaje en el que la compara a usted con su madre. Tiene que saber que todo esto ha sido compartido en internet, con otros hombres.

Luego me enseña un folio con fotos en color. En una de ellas, estoy vistiéndome en la habitación color violeta de la casa de Mazan. Puedo fechar esas fotos perfectamente. Datan de julio de 2020. Había ido a teletrabajar diez días con mis padres. Después de seis meses de covid, querían disfrutar de su nieto. Observo las imágenes con detenimiento. Algunas han sido superpuestas a las de mi madre. Nos fotografió a las dos en distintas poses, de perfil, de espaldas y de frente. Luego descubro los repugnantes comentarios que acompañan las fotos.

Su voz. Oigo su voz diciendo esas palabras obscenas, en tono sarcástico. Me agarro a los brazos del asiento para no desmayarme.

—Sí, soy yo. ¿Así que escondió su móvil en modo cámara debajo de la mesilla de noche? ¡Cómo pudo hacer eso!

Recuerdo el verano de 2008, en Tizzano, Córcega. Os veo felices a ti y a mamá. Tan enamorados como el primer día. No sueltas la cámara de fotos. Fotografías a mamá todo el tiempo.

La secretaria judicial teclea mis palabras mecánicamente, con la mirada fija en la pantalla. La jueza me mira y prosigue:

—Cuando le pregunté a su padre si se sentía atraído sexualmente por usted, declaró: «No, en absoluto. Si me pregunta qué sentido tiene filmarla desnuda, le digo: el descubrimiento, ante todo». También niega haberla drogado y abusado de usted. ¿Qué opina al respecto?

—Estoy convencida de lo contrario. Miente como respira. Me drogó, como muestran las dos fotos en las que se supone que estoy durmiendo. Le repito, señoría, que nunca duermo vestida así, ni en esa postura. Y tengo el sueño ligero. Hace más de diez años que vivo con Paul, que se levanta a la 1.45 para ir a trabajar, el más mínimo ruido me despierta.

Pido volver a ver el fotomontaje «madre-hija».

—Me parezco mucho a mamá. Nos lo decía a menudo. Ahora sé que nunca respetó a la madre de sus hijos. Es más, se refiere a mí como la hija de mi madre, no como su hija o la hija de ambos. Se desvincula de su condición de padre. Porque nos ve como meros objetos sexuales.

—Ahora trate de recordar dónde estaba la noche del 27 al 28 de diciembre de 2019.

—Después de la cena de Nochebuena, el 24 de diciembre, nos fuimos a Marruecos Tom, Paul y yo. Estuvimos allí hasta el 2 de enero. Mis padres se quedaron en mi casa.

La jueza me presenta otra foto de mi madre, inconsciente y desvestida.

—He seleccionado la menos impactante de todas las tomadas por su padre. ¿Es posible que esta fotografía fuera tomada en su domicilio, durante su ausencia?

Descubro a mi madre, tumbada sobre el costado izquierdo, como en las demás fotos de ella, inanimada. Solo lleva unas bragas negras de encaje. Que no son de su estilo. La lámpara de la mesilla está encendida, y también el plafón. Ni siquiera se ha molestado en quitarle las botas. Reconozco la habitación. En mi casa. Mi refugio.

—Señora Darian, su madre fue violada en su casa durante varias horas por un hombre desconocido que en aquel momento tenía treinta y cuatro años. Su padre lo filmó todo. Los teléfonos móviles de ambos fueron localizados cerca de su casa a las 22.51.

Aunque mi abogada me informó el día anterior, todavía no sé si voy a poder superar esta ignominia adicional. ¿Cómo pudo cometer tales barbaridades en mi casa, en mi intimidad? ¿Cómo vamos a poder llevar una vida normal en esa casa después de eso? ¿Cómo reaccionará Paul?

—Eso no es todo, señora Darian. Aún tengo que enseñarle una foto de su madre inconsciente, tomada en otro lugar.

Me gustaría suspender el tiempo..., pulsar pausa.

En la foto, mi madre está exactamente en la misma posición que en la anterior, siempre sobre el costado izquierdo e inerte, con la boca abierta. Una vez más, la ha vestido con una lencería negra horriblemente fea, vulgar e indigna de ella.

Esta vez no es en mi casa de la región parisina, sino en mi dormitorio, mi cama, mis sábanas de mi segunda residencia. Siento una opresión, me cuesta darme cuenta de lo que veo y oigo. La violación tuvo lugar la noche del 6 al 7 de mayo de 2019 y duró más de cinco horas.

En ese momento comprendo el alcance de la batalla judicial que nos espera, tanto a mi madre como a mí. Saber que unos desconocidos entraron en mi casa para abusar de ella es insoportable. Me dan ganas de vomitar.

La jueza quiere saber si un careo con mi padre me ayudaría a liberarme, como sugirió el psiquiatra en mi informe psicológico.

—Si quiere, sería en mi presencia —precisa. Así podrá formularle sus preguntas y expresar sus sentimientos.

—Ya no espero nada de este individuo. Su vida está hecha de mentiras y monstruosidades. La próxima vez que vea a mi padre será tras la mampara de un tribunal penal para escuchar el veredicto.

Entonces le pregunto si se han identificado a otras víctimas en este caso. Me anuncia que otra mujer fue violada por mi progenitor unas diez veces entre 2015 y 2020. Ella también se encontraba en un estado de sumisión química. Al parecer, mi padre suministraba *a priori* las sustancias a su pareja y le indicaba la cantidad que debía administrarle. Según parece, esa víctima no ha querido denunciar a su marido ni a mi padre. Ha perdonado y ha seguido manteniendo correspondencia con su pareja desde que fue encarcelado. Tal es el poder que debe de tener sobre esa pobre mujer. El caso ha sido remitido, pues, a la fiscalía de Aviñón.

Al final de la conversación, la jueza me informa de que uno de los agresores ha solicitado un careo con mi madre. Asegura que ella dio su consentimiento cuando ocurrieron los hechos. Supuestamente, ella le habría indicado que entrara a su habitación. Mi madre, que no se deja impresionar por una mala fe tan descarada, ha aceptado el careo. Tendrá lugar en los próximos meses.

Gracias al valioso trabajo de los investigadores y de todos los responsables de este caso, un total de cuarenta y siete personas han sido interrogadas. Cuarenta y cinco han sido imputadas y se encuentran en prisión preventiva. Dos hombres han sido liberados y otros dos han pasado al estatuto de testigos asistidos. Uno de los autores murió poco antes de su detención. Espero que todos los agresores de mi madre comparezcan ante la justicia por lo que le hicieron padecer durante todos esos años.

DOMINGO, 28 DE NOVIEMBRE DE 2021

En el momento de concluir, recuerdo una cita del escritor Maurice Pinguet: «Escribir es entregarse a la noche que todos llevamos dentro». Yo estoy llena de noche. Es una oscuridad densa y fría, que me legó mi padre. Escribir este libro no me habrá permitido ahuyentarla, sino explorarla para tenerle menos miedo. Desnudarse es un ejercicio muy difícil cuando se es víctima de este tipo de casos. Atreverse a enfrentarse a una misma y poner toda la fuerza en una etapa de la vida tan agobiante y escabrosa es una prueba que me ha enriquecido mucho. Me siento más centrada y preparada para afrontar con mi madre y mis hermanos la adversidad y todo lo que nos espera.

La terapia a través de las palabras es también una forma de curar mis heridas para poder ver el mejor camino de todos los posibles. Aún no sé lo que me espera al arriesgarme a publicar este relato, pero estoy convencida de que mi compromiso con la causa de las mujeres no ha hecho más que empezar.

Sé que mi madre tendrá una nueva audiencia con la jueza. Será una noche más, una noche en la que se oirá el eco de nuestras vidas de *antes*.

Unos cincuenta hombres han sido acusados y encarcelados, la instrucción será larga y difícil. Una parte de los hombres que violaron a mi madre serán condenados. Algunos son jóvenes solteros, otros son padres o abuelos. Pero sabemos que al menos setenta, y probablemente más, abusaron de ella, a veces repetidamente, durante un periodo de casi diez años. ¿Cómo hemos podido pasar junto a estos depredadores sexuales sin darnos cuenta?

En cuanto a imaginar que el director de orquesta era aquel que creíamos sólido, leal y en quien habíamos depositado nuestra confianza...

El juicio se celebrará en 2024 en un tribunal penal del sur de Francia. Para entonces, mi madre tendrá más de setenta años. ¿Encontrará la fuerza y la resistencia para afrontarlo, incluso con el amor y el apoyo de sus hijos? Además, este calvario durará varios meses. Pero tengo presente que mi madre podría haber continuado así si no se hubiera detenido todo aquel famoso 2 de noviembre de 2020.

Quiero trascender esta terrible herencia paterna, transformar este lodo en materia noble. Es preciso ayudar a las mujeres y a los niños destruidos por la violencia sexual. Aún queda mucho por hacer en Francia para apoyar y proteger a las víctimas de agresiones y delitos sexuales después de la presentación de una denuncia. El asesoramiento psicológico y el apoyo en el proceso de reparación siguen siendo largos e inadecuados. Además, a veces dicho proceso es muy aleatorio. Del mismo modo, es constatable que no todos nos beneficiamos aún del mismo nivel de acompañamiento.

Mi testimonio pretende sensibilizar acerca del impacto de la sumisión química en Francia. Esta lacra, desconocida para el gran público, no se limita a la droga de la violación en una copa; también tiene su origen en nuestros botiquines. Las benzodiacepinas (o ansiolíticos), los somníferos y muchas otras sustancias psicoactivas son la causa de numerosas agresiones sexuales y afectan a todas las categorías socioprofesionales. Si le falla la memoria frecuentemente, esté alerta. No dude en pedir consejo y someterse a un análisis toxicológico.

¿Dónde estaremos en 2024, cuando se celebre el juicio? ¿Nos habremos dado cuenta de la magnitud del problema? Hoy en día, muchas asociaciones competentes que trabajan por la causa de las mujeres están demasiado solas en esta colosal tarea, y las víctimas, con mucha frecuencia aterrorizadas, están amordazadas por el miedo, pero también impedidas por el peso de la vergüenza y la culpabilidad. Mi madre, como tantas otras mujeres, no es culpable de nada. Rechacemos lo insoportable.

AGRADECIMIENTOS

Me gustaría dar las gracias a mi editora, Véronique Cardi, por su confianza y su empatía natural y cordial desde el día que nos conocimos.

A Clara Dupont-Monod, por sus inestimables consejos y por sus palabras, que siempre tuvieron un eco en mí. Me permitieron buscar en lo más profundo de mí misma todo lo que necesitaba poner por escrito. No podría haber esperado una mejor escolta literaria en este largo, sinuoso y empinado camino de la introspección.

A Catherine Fruchon-Toussaint, por su escucha activa y su gran amabilidad, así como por haber captado enseguida la urgencia incandescente que representaba para mí escribir este testimonio.

Gracias de corazón a mis hermanos, a mi cuñada

Céline, a mi prima Marie y a mis amigos François y Marion por su afecto inquebrantable y sus cuidados constantes.

Por último, quiero dar las gracias a mi marido y a mi hijo, sin los cuales probablemente no sería la mujer que soy hoy, y a mi madre, a la que quiero por encima de todo.